上野千鹤子系列

主编：陆薇薇

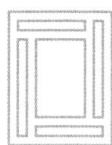

WOMAN

女性的思想

[日]上野千鹤子 著　　陆薇薇 译

THINKING

ZHEJIANG UNIVERSITY PRESS
浙江大学出版社
· 杭州 ·

图书在版编目（CIP）数据

女性的思想 /（日）上野千鹤子著；陆薇薇译. --
杭州：浙江大学出版社，2022.10
ISBN 978-7-308-22843-5

Ⅰ. ①女… Ⅱ. ①上… ②陆… Ⅲ. ①妇女解放—研
究 Ⅳ. ①D440

中国版本图书馆CIP数据核字（2022）第124339号

<ONNA> NO SHISO WATASHITACHI WA, ANATA O WASURENAI by Chizuko Ueno
Copyright © Chizuko Ueno
All rights reserved.
Published in Japan in 2016 by SHUEISHA Inc., Tokyo.
Chinese (in simplified character only) edition published by arrangement with
Shueisha Inc., Tokyo
through THE SAKAI AGENCY, INC. and BARDON CHINESE CREATIVE AGENCY LIMITED.

浙江省版权局著作权合同登记图字：11—2022—303号

女性的思想

（日）上野千鹤子　著

责任编辑	谢　焕
责任校对	陈　欣
装帧设计	云水文化
出版发行	浙江大学出版社
	（杭州天目山路148号　邮政编码：310007）
	（网址：http://www.zjupress.com）
排　　版	浙江时代出版服务有限公司
印　　刷	杭州钱江彩色印务有限公司
开　　本	880mm×1230mm　1/32
印　　张	7.375
字　　数	208千
版 印 次	2022年10月第1版　2022年10月第1次印刷
书　　号	ISBN 978-7-308-22843-5
定　　价	58.00元

译者序

在我身后的书架上，整齐地摆放着上野千鹤子的五十余部著作，而本书《女性的思想》是我阅读次数最多的一部。

上野千鹤子是日本著名社会学家，女性学/性别研究的代表人物，不论是在学界还是在民间，她都享有极高的声誉。而在2019年4月东京大学开学典礼致辞之后，上野在我国的知名度也开始日益高涨，《一个人最后的旅程》（第十七届文津图书奖获奖作品）、《父权制与资本主义》、《厌女》、《从零开始的女性主义》等著作的中文译本被广泛阅读，不断引发热议。

《女性的思想》一书可以说是上野与前人的思想碰撞、交融的结晶。长期以来，女性被排除在语言与思想之外，她们历经艰辛，终于一点点编织出属于自己的话语。上野选取了十一部前辈学者的代表作，对作品逐一进行分析解读。全书共分为两个部分，第一部分选取的是五位日本女性思想家的著作，分别为森崎和江、石牟礼道子、田中美津、富冈多惠子和水田宗子；第二部分则涉及了六位西方思想家，分别是福柯、萨义德、塞吉维克、斯科特、斯皮瓦克和巴特勒。虽然福柯和萨义德并非女性，但福柯的性史研究，颠覆了人们对性（sexuality）的认知，使性成为人文、社科领域的研究对象，推动了性别研究的发展，而萨义德笔下东方主义中"西方"对"东方"的凝视，与性别研究中"男性"对"女性"的凝视如出一辙，揭示出后殖民研究与性别研究的密切关联，这也是上野将他们的著作收入本书的理由。

毋庸置疑，本书是一本绝佳的女性主义入门图书。与其他众多研究领域一样，性别研究也需要用学术性的分析概念武装自己；本书的第二部分，即为我们提供了不少有效的分析概念。除了福柯和萨义德之外，塞吉维克的"厌女"、斯科特的"社会性别"、斯皮瓦克的"服从即抵抗，抵抗即服从"、巴特勒的"性别述行"等，都可以帮助我们透过现象看本质，有助于我们更好地将女性的经历言语化、理论化。但同时，这些概念又不仅限于女性主义的范畴，概念的提出者们活跃于文学、哲学、历史学、社会学等领域，他们将这些概念导入主流的学科领域中，试图以"性别"的视角重新审视世界。正如上野在其著作《差异的政治学》中所说："如今仅通过性别这个变量并不能解释所有问题，但另一方面，除却性别，也无法分析任何事情。"

如果说本书的第二部分为女性学/性别研究者搭建了国际通用的学术平台的话，那么第一部分则旨在强调日本女性学的特殊经验，展现日本语境下女性挣扎与思索的过程。我们虽然与她们身处不同的国度，没有经历与她们相同的年代，却也能从她们真挚的话语中感受到她们的苦楚与坚毅。拼命找寻女性话语的森崎和江，与水俣病患者同悲共苦的石牟礼道子，为女性解放运动倾注全部身心的田中美津……她们或许无法娴熟地使用当下性别研究的专业术语，但因为她们的一字一句根植于她们脚下的大地，所以她们的文字是如此朴实而动人。

不仅如此，这一部分还有助于我们反思中国的女性学研究。也就是说，我们同样可以去发掘给予我们力量、指引我们前行的中国女性前辈，书写属于中国的《女性的思想》。也唯有这样，才能更好地展示多样化的女性学/性别研究的可能性。

说本书是一本绝佳的女性主义入门图书，自然不能忽略作者上野千鹤子的功绩。可以说，本书是上野千鹤子式的解读。要将前人的思想智慧反复咀嚼，并按照自己的方式深入浅出地呈现出来绝非易事，而能赢下这场硬仗的，便是孤傲的上野。

我曾在《父权制、资本制、民族国家与日本女性——上野千鹤子的女性学理论建构》（《开放时代》2021年第4期）一文中写道：上野千鹤子女性学研究最主要的特色在于理论与实践的紧密结合。一方面，作为日本后现代思潮的引领者之一，上野始终走在学术理论的前沿。另一方面，在西方后现代思潮来袭之前，上野既已参与了日本的"全共斗运动"（20世纪60年代后半期发生在日本的学生运动）和女性解放运动（即第二波女性主义运动），她的学术思考源于本土实践。于是，我们便不难理解，为何她既能游刃有余地穿梭于高大上的学术概念之间，又能深刻体会日本女性的痛楚，进行接地气的阐述。

借用上野本人的话来说，她是熟练掌握"男性语言"（学术知识）与"女性语言"（日常经历）的"双语者"。本书中有个令人记忆深刻的例子。上野说自己无法忘记《父权制与资本主义》（1990年）一书出版后一位男性知识分子对她说的话，他说："读完这本书后，我终于明白了我的妻子一直在抱怨的到底是什么。"言下之意是，他听不懂妻子的话，却能理解马克思的术语。可见，女性并非一直保持沉默，只是她们的声音没有被听见罢了。而想要将自己的声音传递出去，让强势的一方无法充耳不闻，就必须以彼之道还施彼身，因此，上野将马克思主义女性主义作为自己的理论基础。

另一方面，本书也是上野对自身思想的展现，它同样是"女性的思想"不可或缺的组成部分。本书中列举的十一部著作，可以成为我们理解上野千鹤子思想的窗口，换言之，在上野的很多著述中都可以看到这些著作的影子。例如其代表作之一的《厌女》一书，受到了塞吉维克"男性同性社会性欲望、恐同、厌女"的三位一体结构、水田宗子《逃向女人与逃离女人》的女性主义批评的影响；《一个人最后的旅程》等"一个人"系列著作，颇有富冈多惠子"单独个体的虚无主义"的风范。

2021年12月，我与《新京报》的王青女士一起采访了上野千鹤子，其间，王青提出了这样一个问题："在你的研究生涯与生命经验中，哪位女性学者/写作者/女性形象对你产生过重要的影响与启发？"对于正在翻译《女性的思想》一书的我来说，感觉心中早已有了答案，所以我一边聆听上野的回答一边比对心中的答案。

但出乎意料的是，在有限的时间内，上野虽也略有提及本书中的其他几位作者，但几乎用五分之四的时间讲述了森崎和江，足见她对森崎的喜爱。"出生在朝鲜半岛的森崎和江，她的身上深深烙印着日本的原罪。自己的祖国侵略了抚养她长大的朝鲜半岛，因此她一直深感内疚。我认为有她这样的前辈是非常重要的，我从中受益良多。"听到这段回答，我眼前的上野似乎与森崎重叠了起来，让我更加深刻地感受到她从20世纪90年代起从事"慰安妇"研究过程中的自我纠葛与不易。

上野对女性学有自己的理解，她认为"女性主义"是指女性解放的思想和实践，而"女性学"则是服务于"女性主义"的理论与研究。而她之所以将自己的研究领域列为"女性学/性别研究"，是为了抨击那些将女性学与性别研究区别对待的学者。

历史上，有些女性为了与激进的女性解放运动划清界限，曾宣称："我不是女性解放运动者，但我是女性主义者。"之后，又有人说，"我不是女性主义者，但我是性别研究学者"，因为性别研究让人觉得很学术、很中立。在上野看来，女性主义和女性学不可分割，性别研究也同样如此。

不过，由于女性学研究只是在研究体系中添加了一个关于女性的新的研究领域，只有女性对它感兴趣，男性则完全提不起兴趣，因此主流学术界根本没有受到任何影响。于是，女性学研究者改变了策略，不再以女性为研究对象，而是聚焦于将女性与男性分隔开来的不平等的权力关系——gender。可见，性别研究（gender studies）源于女性学，且同样具有政治性。

　　虽然上野有自己的见解，但她并没有把自己的理解视作女性主义/女性学的唯一标准。2019年9月，她在东南大学日语系集中授课期间，曾举办了一场公开讲座，题为"新自由主义改革对社会性别的负面影响"。当日，能容纳200人的报告厅，挤进了300余人，会场氛围极为热烈。在讲座之后的问答环节，有一位听众这样问道："上野老师，您所说的是您本人对女性主义/女性学的定义吗？"上野的回答简洁明了："是的，这只是我本人对女性主义的定义，女性主义的定义可以有很多种。"可见，上野并不希望在女性主义的领域只有自己的一家之言，而是希望出现百花齐放、百家争鸣的局面。

（2019年9月4日上野千鹤子公开讲座后，与译者拍摄于东南大学外国语学院）

翻译一本书意味着对文本的精读，也意味着最容易从字里行间汲取养分，化作自己的血肉。从这个意义上说，能够成为本书的译者，我何其幸运。

本书的翻译与出版得到了作者上野千鹤子教授、东南大学外国语学院性别研究小组诸位师生以及浙江大学出版社谢焕老师的支持和帮助，在此一并表示感谢。

希望正在阅读本书的你，能够有所收获，并找到属于你的女性主义。

陆薇薇

2022年春于东南大学九龙湖畔

目录

第一部分　重读"女性之书"

第二部分 以"性别"的视角重审世界

女性主义是震撼了20世纪的思想与实践。

在21世纪的今天，

它已经过时了吗？

身处当下的我们，

有哪些可以继承的思想遗产？

可以指引我们坚持下去的思想又位于何处？

于是，我翻开了那些略显古旧的经典之作。

——上野千鹤子

第一部分

重读 "女性之书"

"那些成为我的血与肉的话语啊"，我想如此称呼你们。

阅读一本书，意味着经历一次他者的经历，体味一次作者的人生。我从小便阅读了大量书籍，可那时因为年幼、经验尚浅，所以未能从中寻得足以表达自我的只言片语。

那些现成的言语，没有一句能让我感同身受。这时，"女性的话语"走进了我的视线。这些女性也曾经历过与我一样的痛楚，并在痛苦中创造出属于自己的语言。因为这些语言是我们的"母语"，所以深入骨髓、痛彻心扉。从那些比我先行一步的前人那里，我获得了巨大的恩惠。我希望把这些也传递给你，于是，写下了这本书。

在本书的第一部分，按照著作刊行的年份顺序，我将给我带来深刻影响的日本女性作家的著作一一列出。这些著作的出版时间集中在20世纪60年代到80年代之间。之所以会呈现这样的特点，是因为那时正值第二波女性主义的黎明期，也就是"女性的思想"的形成期。而且，这一时期刚好与我个人在思想层面的人格形成期重叠，不失为一种巧合。

在第一部分我选取了五本著作，作者分别为森崎和江、石牟礼道子、田中美津、富冈多惠子和水田宗子，都是比我稍许年长一些的女性。她们的话语句句沁人肺腑，这是我在阅读男性作家的文字时从未有过的感受。

为我带来如此这般震撼心魄的语句之人，竟然恰巧都是女性作家。这或许不是单纯的偶然那么简单。我与这些女性历经了同样的时代，并确实从她们的语句中汲取了养分。而现在，我想要将这些话语传达给年轻一辈的你们。

森崎和江

第一章 生产[1]的思想与男性一代主义：
森崎和江《第三性：遥远的爱欲》

昭和时期的第二代殖民者　丧失故乡的人同"母语"的斗争

人的生命　性与爱欲　对自我的追问

邂逅"对幻想"及"超越个体"

◎ 森崎和江

1927年生于今韩国大邱，诗人、作家。1947年毕业于福冈县立女子专科学校。1958年迁居筑丰矿井町。参与创刊劳动运动交流杂志《同好村》及女性同人杂志《无名通信》。森崎起初书写女矿工的采访记录，后又撰写亚洲的阶级史、民族史、女性史等。著作有《漆黑》（理论社）、《斗争与爱欲》（三一书房）、《唐行小姐》（朝日新闻社）、《庆州，母亲的呼唤》（新潮社），并出版全集《森崎和江集——精神史之旅》全五卷（藤原书店）。

1965年，三一书房出版了《第三性：遥远的爱欲》一书。之后在1992年，河出书房新社出版了该书的河出文库版。

1　这里的"生产"特指人的生产，即生孩子。——译者注

自出生起就失去故乡的人

当时女性主义还没有诞生，森崎和江的文章对于那些尚在没有出口的暗渠中挣扎着的女性来说，有如从天而降的蛛丝一般。她们身处一片越是挣扎就越是无法动弹、深陷其中无法自拔的沼泽之中。森崎的文章为她们带来了光明，成为那根能让她们从泥沼中挣脱出来的救命稻草。

第二次世界大战日本战败之后，森崎作为遣返者从韩国回到日本。她决定，再也不依赖那些迄今被男人们所使用的陈腐话语。森崎出生于国外，对日本一无所知，因此归来后踏上的这片故土，对于她来说，只是毫无亲切感可言的异乡罢了。不仅如此，她精疲力竭地试图融入的、紧紧缠绕心间的同胞意识，却正是她的父母拒绝这片土地并选择离开的原因。既是亲人也是同志的弟弟，由于在那个叫作日本的地方始终找不到自己的归处，所以年纪轻轻就自断了性命。森崎在韩国人母亲的怀抱中长大，对她而言，那怀抱如同家乡般温暖。可不久后，她得知了自己及家人其实是殖民者、掠夺者的事实，所以哪怕是在怀念故乡的时候，她也不得不承受一种锥心之痛。自出生起就失去故乡的人，就是森崎和江。

2008—2009年，森崎在藤原书店出版了《森崎和江文集——精神史之旅》全五卷。我也为其撰写了一段荐文，与鹤见俊辅、高树信子、姜尚中的文章并排而列。此处引用一下全文。

彼时还没有女性解放运动，也没有女性主义思想。

女人们望眼欲穿地渴望着，渴望着一种由女性来述说女性经验的，只属于女性的话语。就在那时，犹如蜘蛛的细丝一般从天而降的，正是森崎女士编织出的语言。性别（gender）、性（sexuality）、后殖民主义（postcolonialism）……这些词（及其蕴含的知识）近年来以外来语的形式逐渐为人所知，而森崎在当时用自创的语言悉数进行了阐释，并将其融入自己的人生之中。我从她的身上究竟受到了多少影响啊？简直无法估量。

（上野，2008：2）

森崎早期使用的语句，艰涩难懂。

假设在个体内部存在着的、对于他者的支配欲与被支配欲的自在性[1]同等重要，那么便无法从与其对立的作为存在恶的同一性中逃脱，这种状况深深困扰了我……

（森崎，1965：94）

诸如此类尽是汉字词汇、阅读极为困难的生硬句式，却与九州筑丰地区的女矿工们夹杂着方言的口语——比如"你啊，简直坏透了呢，竟然会认为发生性关系时不需要考虑女人的感受呢"（森崎，1965：93）一同出现在森崎的著作中。这本著作就是她于1965年出版的《第三性：遥远的爱欲》。然而，透过这些艰涩的文字，不难想象森崎的痛苦挣扎，她试图把那些人们不想宣之于口的内容用自己的语言表达出来。那种苦斗的气息深深感染了我，这或许是森崎的早期读者们的共同感受。

对于森崎来说，九州的土著方言，如同外语一般。她在日本殖民地（朝鲜半岛）学到的日语，是从日本各地汇聚到那里的人们得以交流的共通语，是一种人造语言。于她而言，并不存在所谓的"母语"。因此，当她想要把自己的经验普遍化，于是绞尽脑汁地寻找用以表述思想的言语时，找到的却只是那些满是汉字词汇的"男性的话语"[2]。明明迫切地想

1　黑格尔的哲学概念，指离开了规定性而坚持自身的存在。——译者注
2　在日本的古代及近代，熟知汉字是有教养的表现。——译者注

要说些什么，但用男性的话语却无法表达，这种焦躁感在其磕磕绊绊的文风中尽显无遗。而这一情形，与同时代在"男性同志"主导的学生运动中奋斗的女性们（我也是其中一员），是多么的相似啊。

下面这段引文摘自《日本女性解放运动史资料（一）》。该文于1970年登载在思想团体"S.E.X"（当然意为SEX）的传单上，该团体隶属多摩美术大学全共斗[1]运动。

> 有目的地接受自我的SEX，在此过程中，粉碎恋爱和SEX的私有化，让70年代雄起吧！[作者为米津知子[2]]
>
> [米津，《日本女性解放运动史资料（一）》1992：171]

谁有资格去嘲笑她们？在那个年代，女性仅有这样的言语可用。而在新时代到来之前，又有多少女性曾苦苦抗争啊。要知道，历史不会像自然现象一样，自然而然地发生变化。女性之所以能拥有自己的话语，是她们艰苦奋战的结果。

踏上言语之旅

1976年，森崎因《唐行小姐》[3]这部著作而备受瞩目。从那时起，她

---

1 多摩美术大学全共斗（美共斗）是以多摩美术大学为中心，与武藏野美术大学、京都市立艺术大学、早稻田大学全共斗运动共同结成的组织，旨在抗议东京艺术大学的垄断问题和艺术歧视问题。1969年，学生与学校双方发生矛盾，机动队进入多摩美大，学生相继被捕。

2 米津知子（1948—）1970年，米津于多摩美术大学在读期间，质疑男女学生的差别待遇，与其他3名女性（共仅有4名女性）结成思想团体"S.E.X"。米津自身作为残疾人参与了女性解放运动，现在也致力于阻止《优生保护法》朝着不好的方向修改等，并针对"残疾人与女性"问题持续发声。

3 这部著作取材于19世纪后半期作为妓女前往东南亚、东亚的日本女性，是借由她们的经历写就的底层女性史记录。（唐行小姐是19世纪后半期日本对前往中国、东南亚卖身的女性的称呼。——译者注）

的文风摇身一变，和以往大有不同。该书腰封上推荐语的撰写者，作家佐木隆三曾说，"我第一次听到了，擅长书写复杂难句的森崎女士发出的自己真实的声音"，足见其变化之大。在那之前，森崎是作为"书写艰涩文章的人"而闻名的，而这一次，并非大家能够听见她"真实的声音"了，而是她第一次拥有了一种可以直达人心的文体。那时，她已经将近50岁了。

我们可以如此评价《唐行小姐》这部作品：它延续了之前山崎朋子[1]的《山打根八号娼馆》[2]（1972年）一类的底层女性史作品的主题，内容十分精彩，且由于文风的改变而收获了大批读者。森崎在此之前已有《漆黑》（1961年）等作品问世，《漆黑》是一部对女矿工等底层女性进行采访的宝贵记录。然而，从《唐行小姐》一作与之前作品的文风差异来看，不难理解为何在此作品之前森崎只是受到一群核心读者的支持，而后却成为国民级的作家。不过对于像我这样一早就开始阅读其著作的读者来说，她的苦斗史更令我刻骨铭心。森崎借由那种即便说是"恶文"也不为过的文风，竭力表述自己想要诉说的内容，她为了表达自我与文字进行了殊死搏斗。

共鸣的爱欲之声

如果一定要在森崎和江庞大的著作群体中挑选一本的话，我一定会毫不犹豫地选择这本《第三性：遥远的爱欲》（下文简称《第三性》）。

1　山崎朋子（1932—）是致力于研究亚洲女性史的纪实文学作家。其发表于1972年的《山打根八号娼馆》取材于日本二战前的一段历史——贫困家庭的少女被出卖身到国外，在东南亚的加里曼丹岛做妓女，是一部通过采访经历过那种严酷环境的当事人女性而写成的纪实文学作品。

2　该部小说的中文译名为《望乡》。——译者注这本书的内容以两位虚构的女性——"沙枝"和"律子"间的交换笔记的形式呈现。沙枝是一位有两个孩子的年长女性，而律子则是一位长年与病魔斗争的年轻单身女性。从沙枝自述"离婚后带着两个孩子与另一位男性同居"来看，这个人物似乎就是森崎本人了。

在包含着浓厚的自传元素、以第一人称写给同性友人的书简形式的文字中，充满了森崎希望向他人毫无保留地展露自己的强烈动机，以及对同性（女性）的共情。即使那略显生硬的文风难免影响整体评价，这部作品也还是丰满而动人的。不，正是这样的文风所夹带的不畅快感，突显出她那意欲言说却又说不明道不尽的纠葛，让读者欲罢不能。

《第三性》中所表述的，是关于性与生产的思想。或者说，是在努力分娩出"性与生产的思想"时伴随着的言语的阵痛。

"性"中存在着思想，"生产"孕育着思想，这听起来或许有些奇妙。

早在人类有历史记载以前，男人和女人就已经在交媾、生育子孙后代了。然而，人类虽然有关于"性与生产"的经验，却未能将这种经验上升为一种思想。当然，即使没有所谓的思想，人类也依然会进行性交，然后怀孕、生子。但若将以上的行为断言为自然规律或人类本能的话，我认为这不过是人类停止思考或怠于思考的一种表现而已。

在人类的种种行为中，"死亡"催生出思想、宗教及形而上学。人生必有一死。到目前为止，诞生于这世上的所有人，没有一位会永生。因此，许多人，尤其是许多男性学者都思考过死亡。然而，关于"生"，特别是"性与生产"，又有谁深入思考过呢？男人们把性与生产称作"女人的经验"，将其划分到与己无关的外部领域中，他们通过把这些行为"自然化"，来避免对其进行思考。为何如此呢？那是因为，他们一直厌恶女人，憎恶自己对女人这种生物的依赖，竭力将"性"贬低为肮脏之物，并企图忘却自己生于女人腹中这一事实。[1]

当女性想要将自身的经验，并且是其中最切身的体会——性与生产，转化为一种思想的时候，却发现没有可以为她们所用的语言。男人的话语派不上用场，女性的话语又尚未诞生。我是谁？每月都要流血的女人是什么人？性为何物？怀孕是一种怎样的体验？当我生孩子的时候，又到底是在生产着什么呢？问题接踵而至，答案却无处可寻。因为，所有的思想，曾经都只属于男人。

不论是性还是生产，都不是女性一人可以完成的事情。那么，如果赌上一对男女的性命和话语，让两人对峙的话，能否孕育出性与生产的思想呢？森崎如此思考着，并选择了诗人谷川雁[2]作为自己的对手。其实最初是谷川选择了森崎，森崎给予了回应而已。应该说，谷川作为森崎的对手是相称的，不论在言语还是身体上，他与她势均力敌地展开对抗。

> 成为爱与战斗的实验台，这也是我所希望的。（中略）不久，我的胸部会变得扁平下去。到那时请刺伤我看看吧，我的身体里一定会流出耶稣般的鲜血。

> （森崎，1965：104）

这是多么大胆而无畏的挑战书（情书）啊。一般男人，怕是看了都会退避三舍了吧。而能够应下这场决斗的，便是傲岸的谷川。

1　参照上野千鹤子《厌女——日本的女性嫌恶》（纪伊国屋书店，2010年）。

2　谷川雁（1923—1995），诗人、思想家、劳动运动家。20世纪50年代后期，以处在能源转型期的九州筑丰矿井——三池为据点，谷川与工人一同组织了劳动改善运动（大正行动队）。他还与上野英信、森崎和江、石牟礼道子等同道在参与工人运动的同时，创办了交流杂志《同好村》。谷川是发展劳动思想运动的核心人物，也是战后左翼运动的领导人之一。1965年后，他离开九州，创立了"研究和教育中心"。在整个20世纪70年代，他指导儿童的语言表达，致力于创作故事，撰写了很多童话。主要著作有《工作者宣言》（这里的工作者指在民众中宣传共产主义的人。——译者注）、《谷川雁诗集》等。

已经有了丈夫和孩子的森崎，在《第三性》中赤裸裸地讲述了自己离家出走的来龙去脉。妻子想要与别的男人分享她的思想和生活，可除了"结婚"这种稚拙的词，她竟找不到其他话语来表达。对于这样的妻子，丈夫在听到她说出"我想和那个人结婚……"后，如此回答：

> 对你（沙枝）想要结婚的对象，我没有任何不满。如果我觉得那家伙不行的话，不管你说什么我都会阻止你的。（中略）我并不认为你出轨了，所以我也不是在原谅或认可你的出轨。而且，我也不会认为你是被别的男人抢走了。今后不管是你还是那个人，倘若你们对自己的行为有一丝动摇的话，你们双方都会垮掉。别让自己走到末路去。如果你是那种允许自己垮掉的人的话，我是不会娶你为妻，跟你一起生活的，一天都不会。而如果我有他那种语言天赋和才华，我也绝不会让你离开我这样的事情发生。

> （森崎，1965：104-105）

然后，作为孩子的父亲，他这样补充道：

> 孩子的话，就让我们一同担起责任共同抚养吧……

> （森崎，1965：105）

她在第一次结婚时选择的丈夫，也是这样一位与她彼此毫不掩饰的异性。

追求"对幻想"[1]

关于性，森崎这样写道："（性）是一种相互的倾斜，它让单独个体的实体及其投影悉数崩坏。"（森崎，1965：55）她还说，"性爱如同拥抱文明一般"。（森崎，1965：110）

> "性的交流"一词，远比千言万语更能深刻表明"个体"的基本特征。我将性交中突显的内容，凝练为男人或女人的普遍性与个体的特殊性之间的平衡，并茫然地想要不断加深这种内部交流。
>
> （森崎，1965：96）

持有这种想法的女人（男人也一样），恐怕是无法进行援助交际[2]或买春卖春的。反言之，援助交际也好，买春卖春也罢，都建立在蔑视"性"的基础之上。因为对于那些轻视性爱的人来说，他们能付出的，不过是与性行为相抵的价格罢了。

> 我想要弄清性行为于这个世界发挥了何种作用，可这种探索关乎我的全部，让我不由得悲从中来。
>
> （森崎，1965：106）

为此，她不得不离开自己的丈夫。关于丈夫她这样写道：

> 将先认识了我的丈夫，并生下了他的孩子这些事全部抛开，我心中温暖的回忆，是对其人格的钦佩与感谢。
>
> （森崎，1965：106-107）

1　"对幻想"是吉本隆明创造的词语。它与共同幻想、个人幻想一同构成人类的幻想领域。其中，对幻想指成立于一对男女之间的幻想，它无法还原成个人幻想或共同幻想。吉本隆明出版于1968年的著作《共同幻想论》，是深受全共斗一代喜爱的思想著作。

2　日本未成年女性卖春的俗语。——译者注男女发生性关系的门槛确实在降低，当下，把性行为看作是技术集合的人越来越多，这与人们曾经赌上自己一切的做法渐行渐远。然而，这些变化是从何时开始的呢？我们轻蔑地认为，性行为哪里需要赌上性命，结果却失去了品尝其（性行为）中最甜美果实的可能性。

虽然森崎本人没有使用过"对幻想"一词，却身体力行地践行了"对幻想"这一概念。而且，所谓"思想"，无非是"幻想"的别名。不久之后，吉本隆明[1]的《共同幻想论》（1968年）出版发行，我受到了很大的震撼。然而，吉本所说的"对幻想"这一概念，我其实早就从森崎那里学到了。坦白说，我曾借助阅读森崎的著作，来理解吉本的思想。

在那之后大约过了20年，我在自己编辑的杂志（*New Feminism Review*，vol.1）中与森崎进行了一场名为《未尽之梦——关于"对幻想"》的对话。而那期特辑的标题，被标新立异地设为"恋爱技巧"。当恋爱被还原成技术的集合时，饱含思想的恋爱就会变成区区一种习惯。打破"对幻想"明明是我的心愿，可愿望实现后产生的那种落寞之情，又是怎么回事呢？

"我"这一自我

森崎的另一个重要思想，是"生产"的思想。

怀孕中的某一天，森崎注意到，自己之前不经意使用的"我"这个第一人称单数形式，已经不能再使用了。此处引用森崎在另一部著作中的描述，包含同样的意思。

1　吉本隆明（1924—2012）是日本战后具有代表性的思想家。20世纪50年代开始引领言论界，影响了众多的文学家和评论家。

有一天，我和朋友闲聊。我的孕期到第5个月了。

我边笑边聊，无意中说到"我啊……"，就说不下去了，因为我已经说不出口"我"这个第一人称了。

（森崎，1998：23）

"我"这个概念、用语中包含着人类的某种状态，而这种状态正在迅速离开身为孕妇的我。我真切地感受到这一点，第一次知晓了女性的孤独。那不是100年、200年的孤独，而是在我死后也会延续下去的孤独，是身处语言的海洋中的孤独。

（森崎，1998：29）

在其他著作中，她还这样说道：

就像男人说"我……"一样，我在少女时代也努力实现"我"以及"单个的我"，（中略）但无论如何我也无法认为，女性能够将完全行使"单个的我"这一权利作为女性的最终目标。

（森崎，《与母国的幻想婚》，1970：254）

没有必要将关于"自我"的复数认知，还原到女性的身体体验上。怀孕这种经历，未必会给所有女性带来同样的感受。而且，即使拥有这种感受，也未必能如森崎对婴儿的个体感受那般强烈。森崎从细微的感受和体验中汲取语言，试图凝练出其他任何人都未曾考虑过的思想。

作为诗人，她将生产后母体和胎儿分离的体验，吟诵如下：

你不属于任何人

你只属于你自己

春光轻抚着你

伸展你的身体

（森崎，1998：38）

并不是所有的孕妇都有她当时的感受，也不能认为这种感受具有普遍性。事实上，在这之后，曾为孕妇的诗人伊藤比吕美（1955—），在《好乳房坏乳房》（1985年）中尝试用语言描述出对胎儿持有的异物感。她说，胎儿就是粪便，生产就是排泄。此外，进入20世纪90年代后，根据家庭社会学者落合惠美子（1958—）的调查可知，当时的年轻孕妇在怀孕早期就会给胎儿取名，赋予其人称，与其互动，宛如他们拥有人格一般。如此，孕妇与胎儿人格"分离"的感受，可以追溯到分娩以前。

可能现代的孕妇已经不会再有关于"我"的复数认知。并且，森崎还承认，女性的性是一种贪欲，女性试图将从性交到怀孕、分娩这一漫长的过程，作为一系列的快乐据为己有。她还提醒自己，不需要男性的"处女怀胎"，也是"女性的性之权利欲望"。

将生孩子时所产生的无与伦比的快感据为己有这一事实着实令我恐惧，我害怕直面那一刻所拥有的女性之性心理的傲慢，便将丈夫也叫到了分娩现场。对分娩的快感、对虽似绞肉之痛一般却由此而生的快乐、对与生命的产生相伴随的几近死亡的自我消费式的性高潮，我完全知晓。

（中略）这好似这样一种愿望——自我性所具有的权利性的消亡。

（森崎，1965：62）

现今，让丈夫陪伴左右的拉马兹分娩法已经普及。可即便如此，又有多少孕妇会出于森崎那样的理由把丈夫叫到分娩现场呢？

生产后，森崎如是写道：

> 一个新生命，作为一个存在出现在我眼前，这个事实深深震撼了我。一瞬间，它将我释放，让我重回单个的存在。我感动得无以言表。在那一瞬间前，我与丈夫相互扶持，并幻想着作为我俩这个共同体的延续，与那个新生命共有一个世界，可新生命却以一种毫不相干的孤独状态出现在我们眼前。
>
> （森崎，1965：63）

据说森崎在生产后，"反复央求丈夫和自己交流，让疲惫的丈夫很是苦恼"。森崎想要交流的，是关于"作为个体基准的概念意义上的单个性、作为孤独的灵魂出现的个体，以及自己生完孩子后感受到的已经过'性'（两性交流）阶段的个体意愿"（森崎，1965：63）。

森崎肯定是一位极其麻烦、惹人厌的孕妇及产妇。但是，她通过性和生产这种大多数女性及男性都体验过的身体现实，思考了何为性、何为生产、我是何人、生产了何人、何为生命、何为自我等诸多问题。森崎直面体验的全程，不放过其中任何一个微小的细节，并与一系列问题作斗争，她全身心投入前无古人的尝试中，力图将这种"女性的体验"思想化。

或许有人会说，这场与话语的斗争，是被语言所束缚的女性的宿业，女性患上了"近代自我"这种身份疾病。随他们说吧。既然谁也无法逃脱近代自我的宿疾，那么不如索性就此一病到底。因为那些被打断的疑问，终究会卷土重来、纠缠不休。

森崎几乎是孤身一人、赤手空拳地对绵延了几千年的"男性思想"发起挑战。任何男性都受不了这样的对决吧。在我看来，事实上谷川被打败了，从她那里逃走了。

在谷川领导三池煤矿的斗争期间，发生了一起工友强奸杀人事件。

大正行动队的一名男性干部杀害了同为工友的年轻女性。为了维护组织的名誉，该事件被归咎为个人的"道义责任"，并以开除肇事人告终。"我们需要制裁的是一名犯人，不能以（资产阶级）敌人的逻辑草草了事"，"不知应如何与女性发生性关系的工人，最终勒死了自己的工友。而隐瞒这一事实，还谈什么一家人？"然而，森崎的"女性之声"未能改变谷川的心意［森崎，《非所有的所有——性与阶级的备忘录》（1963年，1970年新装版）[1]：172，175］。她拼命地控诉，希望"将与女性相关的事情同阶级斗争分开考虑"，可谷川最终也没能听进去。在那之后，性骚扰和强奸也一直都被视作"不值一提的小事"而被置之不理，直至女性主义高举"个人即政治"[2]这一标语出现在人们面前。1995年的美军强奸冲绳少女事件，引起10万冲绳县民众集会抗议，可在那之前不久，恐怕他们还觉得"不过是强奸这种区区小事而已"吧。

以该事件为契机，森崎和谷川的关系开始出现裂痕。森崎生病了，无法再向谷川敞开自己的身体。[3]试图统合《斗争与爱欲》（1970年）的女性的身体，对自己是如此诚实。谷川难以应付森崎，试图干涉和控制她，禁止她写作及"与他人对话"。[4]无奈之下，森崎带着手稿去了东京，拜访了埴谷雄高，《非所有的所有》和《第三性》终于得见天日。此时，谷川已退出运动，移居东京，森崎则选择留在九州。

1　森崎在这本书中虚构了一个名为"知子"的女性，通过她来诉说。

2　第二波女性主义的口号。——译者注

3　在《斗争与爱欲》中，森崎将一位名叫"契子"的女子作为女主人公，借"契子"这一虚构形象描述了此事。

4　参照自撰年谱《森崎和江文集——精神史之旅》第五卷，第351页。

为未来编织的话语

森崎在《第三性》中描述了"生产的思想"，随后她从中衍生出"一代主义"这一概念。她指出，男性思想中的个体性存在局限性，它不仅局限于以自我一人为中心的扩展（个人主义），还局限于单独个体的生命区间（一代主义）。如今，在环境保护的思想中，我们倡导"与子孙后辈的联结"，而这一点，森崎早就已经直截了当地说过了。

并不是只有女性对"一代主义"进行批判。儿童文化研究者村濑学，在阅读森崎关于怀孕中无法再使用"我"这个第一人称的文章时受到了强烈的震撼，他如此描述：

> 看到这篇文章时，我忍不住大声惊呼。（中略）那么，怀孕中的女性，应该如何称呼自己呢？森崎说："没有话语可以表述。"（中略）人类的存在有多种方式，与单个身体的"一个人"的存在方式不同，孕妇是超越个体、联结个体的"三代存在"。可是，却没有人告诉我们，该用怎样一个名称去称呼那些超越个体的连续的存在。
>
> （村濑，2008：1-2）

村濑将其称为"你"的发现，"明天的你、某处的你、尚未诞生的你"。这种"你"论的核心就是"三代存在"。过去与未来，都深嵌在"我"之中。如果"复数的我"（也就是"你"），赋予了"我"这个第一人称以时间的维度，那么生子与否便无太大区别。

这是承载着过去、连接着未来的，作为现在的"我"。"我"作为超越个体的存在，不应有男女之分。我觉得，村濑批判性地将"一个人"作为个体的代名词加以使用，无意中表露出对于"一个人"的偏见。即便是"一个人"，无论是生过孩子的女性，还是不生孩子的女性，抑或是无法生孩子的男性，都不能逃避对于未来的责任。

事实上，在我与森崎的对话中，在谈及"生产的思想"的重要性时，我突然漏了一句："但实际上我就是不生孩子的女人……"对此，她这样激烈地反驳道：

> 那有什么关系！（中略）你要是这样说，那么男性同样能这么说，然后选择逃避。（中略）如果有人说，不生孩子的话就无需理解"对"[1]的思想化，那么我会生气、会伤心的。并不是那样。
>
> （森崎、上野，*New Feminism Review*，vol.1，1990：48-49）

对于女性主义来说，怀孕和生产曾是绊脚石。虽说正是我本人将女性主义称作"迟来的近代主义"，但女性主义是否曾要求"女性也成为近代意义上的个人"呢？20世纪60年代，作家西蒙娜·德·波伏娃[2]称怀孕是"女性的诅咒"。70年代，舒拉米斯·费尔斯通[3]认为如果人工生殖成为可能，那么女性的问题就能得到解决。20世纪70年代的"梦想"，现在正通过生殖技术逐步得以实现。并且，70年代之后，围绕堕胎权利问题展开的世界性争论建构起了一套话语体系，在这套话语体系中，母体和胎儿往往被对立起来。堕胎与切除身体的一部分有何区别？堕胎是杀人吗？胎儿是否具有人格？生命从何开始？种种疑问困扰着我们。

如果将"粪便"和"有名字的人格"作为两端，那么胎儿就处在两端之间的某个位置。然而，在为了伸张"堕胎权"，主张母体的人格权优于胎儿的人格权，或者将胎儿当作无声的器官，将堕胎与切除盲肠手术等

1　指男—女的成对关系，可参照上文的"对幻想"。——译者注

2　西蒙娜·德·波伏娃（Simone Lucie-Ernestine-Marie-Bertrand de Beauvoir，1908—1986），法国作家、哲学家。她在1949年出版的《第二性》中写下了"一个人不是生来就是女人，而是成了女人"这一名言，是一位引领女性解放运动的存在主义哲学家。

3　舒拉米斯·费尔斯通（Shulamith Firestone，1946—2012），美国激进女性解放运动的创始人之一。代表作有《性的辩证法》（林弘子译，评论社，1975年）。

同论之时，女性应该总是会感到不适的。即使这样的说法能够保护女性的"性与生殖的自由和权利"，她们也还是会说：那不是我希求的。[1]

当遇到无法用近代个人主义的语言描述的事物时，女性会倍感受挫，会吞吞吐吐。是的，正如森崎感受到的那样，我们没有语言，我们缺乏话语。

对于森崎为之奋斗终身的"性的思想"和"生产的思想"，她之后的女性以及男性，是否将其传承了下来呢？

森崎如此记录下自己小孙子说过的话——"现在，地球生病了"（森崎，1998：129）。

福岛事件[2]之后，我们正生存于一个"地球被污染了"，"是我们亲手污染的"时代。对于那些"尚未出生的人们"，我们能留下什么样的话语呢？呆呆地伫立在"一代主义"的废墟上，我们怅然若失。

参考文献

伊藤比呂美：1985，『良いおっぱい悪いおっぱい』，冬樹社

上野千鶴子編：1990，『ニュー・フェミニズム・レビュー』vol.1，学陽書房

上野千鶴子：2008，『機』N0.201，藤原書店

溝口明代・佐伯洋子・三木草子編：1992，『資料　日本ウーマン・リブ史Ⅰ』，松香堂書店

1　用近代自由主义法学的"权利"来说明女性的"堕胎权"，令人觉得不对路。山根纯佳在《生与不生是女性的权利吗》（劲草书房，2004年）一书中，详细解析了这种违和感。

2　指福岛核事故。2011年3月11日日本东北太平洋地区发生里氏9.0级地震，地震引发海啸，福岛第一核电厂发生放射性物质泄漏的事故。——译者注

村瀬学：2008，「『あなた』の発見」『森崎和江コレクション——精神史の旅』月報1，藤原書店

森崎和江：1961，『まっくら』，理論社、1977 三一書房

森崎和江：1965，『第三の性——はるかなるエロス』，三一書房、1992 河出文庫

森崎和江：1970，『ははのくにとの幻想婚』，現代思潮社

森崎和江：1970，『非所有の所有——性と階級覚え書』，現代思潮社

森崎和江：1970，『闘いとエロス』，三一書房

森崎和江：1976，『からゆきさん』，朝日新聞社、1980 朝日文庫

森崎和江：1998，『いのち、響きあう』，藤原書店

森崎和江：2008—2009，『森崎和江コレクション——精神史の旅』全五巻，藤原書店

山崎朋子：1972，『サンダカン八番娼館』，筑摩書房、1975文春文庫

吉本隆明：1968，『共同幻想論』，河出書房新社、1982 角川文庫

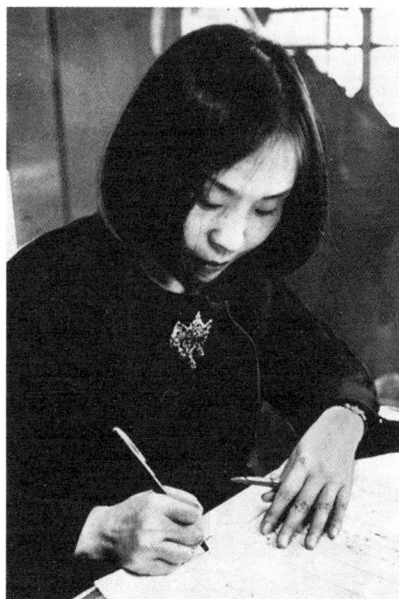

石牟礼道子

第二章　引人共鸣的灵魂文学：
石牟礼道子《苦海净土：我们的水俣病》

因工业废水中所含的汞引发的水俣病

将患者及其家人的痛苦诉之于文字，笔耕不辍，

孕育出为环境和文明的未来敲响警钟的杰出思想

◎ 石牟礼道子

　　1927年生于日本熊本县天草郡，作家、和歌诗人。1969年出版《苦海净土：我们的水俣病》一书，广受好评，获第一届大宅壮一奖（1970年），但石牟礼谢绝了该奖项。石牟礼之后还发表了《山茶花海记》（朝日新闻社）、《十六夜桥》（筑摩书房）等作品，荣获众多文学奖项，并获得"艺术选奖文部科学大臣奖"[1]。另有《石牟礼道子全集　不知火》全十七卷、别卷一卷，《石牟礼道子　诗文集》全七卷（藤原书店），以及对谈、演讲集——《承载复苏的灵魂》（河出书房新社）。

　　《苦海净土：我们的水俣病》于1969年由讲谈社出版，1972年刊行了讲谈社文库版，2004年发行了讲谈社文库新装版。

　　1　由日本文化厅设立的表彰艺术家的制度。艺术奖的一种，包括文学、电影、音乐、舞蹈等门类。——译者注

这并非纪实文学作品

《苦海净土：我们的水俣病》[1]并不是纪实文学作品，石牟礼道子也不是纪实文学作家。

池泽夏树在多达三十卷的《个人编撰〈世界文学全集〉》（2009—2012年）中，仅收录了一部日语作品，这部作品便是《苦海净土：我们的水俣病》。池泽将石牟礼的这本书视作"文学"作品阅读，可谓颇有见地。因为有太多人将这本书视为"边听边写的记录""纪实作品"，从而将它排除在了文学作品之外。

那么，"文学"究竟为何物呢？只要不是纪实文学，便是虚构文学（故事）吗？"文"从根本上来说，是用语言书写而成的。它是极尽语言，将经验编织为思想的产物；是将那些若没有书写就有可能从世间消失的想法雕琢提炼的产物，宛如刻石铭记一般；是为了让我们这些粗心大意的后来之人不要忘记，绝不应忘记的作品。我的眼前浮现出石牟礼如此这般的身影：她足不出户地待在织布小屋里，拔下自己的羽毛，以超脱世间的姿态，拼命编织"语言"的绫罗绸缎。

人类历史中，有因飞来横祸而产生的思想。战争、广岛核爆如是，水俣病如是，想必福岛核泄漏亦如是吧。蛮不讲理的迫害和压制，会成为思想诞生的源泉。我认为，甚至连援助交际和割腕自杀，都有可能孕育出思想。人就是这样一种生物，若不将自己的想法、困惑、思考、经验等用语言表达出来，便坐立不安、片刻不宁。其目的何在？是为了搭乘"语言"这一公共交通工具，将这些想法、思考传达给尚未知晓的人们。而我们作为读者的责任，就是在自己未曾听闻的思想现身之时，承认自身的无知，

1　石牟礼道子的《苦海净土：我们的水俣病》自出版以来被再版多次。本章使用的是2004年讲谈社文库新装版。

并努力让这些思想不被湮没、丢失。

如此，《苦海净土：我们的水俣病》（后文简称《苦海净土》）以一种不同于其他任何作品的奇特形态，出现在我们面前。它拒绝被列入纪实文学，也不愿被视作虚构文学。这部著作将无法被其他经历取代的水俣病经历，用其他作品无法企及的表达方式呈现出来，使得作品伴随着一股不容置辩的强大感染力。正因为存在不忍让它湮没的人们，40年来，这部著作广为阅读。想来它一定会超越作者的寿命，在未来也会经久不衰吧。

"道子体"的发明

《苦海净土》一书中共有三种文体。一是以第一人称"我"展开的叙述（旁白）；二是夹杂着水俣方言的口述（独白）；三是医生的诊断书和政府机关的报告书。尤其是后二者，仿佛是相互无法理解的异国语，当这两种截然不同的表述方式没有附加任何说明就同时出现在书中，读者难以如观看纪录片那样追踪事件的发展始末。尽管如此，读者会不由得被开篇出现的16岁的少年山中九平所吸引。九平在海边的家里"不得不躺了许多年"，少年心中累积的愤怒与绝望，深深打动了读者。少年九平把那些心怀善意前来带他去检查的官员弄得团团转，然后坚决拒绝去医院，从他嘴里蹦出了这么一句话：

> 我不去。去了就被杀了。

（石牟礼，2004：32）

这句表述是多么简洁而直观啊。他虽然活着，但如同"被杀了"一般。在少年说出这句话的现场，作者伫立了数个小时，然后珍重地将其记录下来。但事实果真如此吗？

下面引用《雪女的见闻记》一章的内容，雪女入院时的诊断记录如下：

坂上雪　大正三年（1914年）12月1日生

入院诊断记录

昭和三十年（1955年）5月10日发病。手、唇、唇部周围有麻痹感，颤抖，言语功能障碍，（中略）行走障碍，处于躁狂状态。（中略）不停地（中略）重复（舞蹈病）动作，有视野狭窄症状，（中略）还有触觉、痛觉麻痹等知觉障碍。

（石牟礼，2004：140）

"诊断记录"中还追加了其"生来就很健康、无病无痛"的描述。雪女如是说：

自从我的身体变成现在这样，老爷子（指丈夫）就更可怜了。（中略）我是老爷子的续弦，从天草那边嫁过来的。

我嫁过来不过3年，就患上了这种怪病。（中略）自己一个人的话，连和服前襟都整理不好。（中略）然后老爷子没办法，就做女人做的事，帮我把前襟整好。（中略）我啊，好想再次拥有以前的身体啊。那是父母赐予我的能吃能劳作的身体。没有病痛。我呀，之前无论是手脚还是哪里，都很结实呢。

海上真好啊。真的很好。我无论如何，都想再一次拥有以前的身体，自己划船去劳作。现在的我，真的很难为情，成了连例假都无法自理的女人。

（中略）我很胆怯，害怕被迫一个人从世界上离开。我很寂寞，非常的寂寞，你们是不会明白的。只是很舍不得老爷子，他是我唯一的依靠。好想去劳动啊，用自己的手脚。

　　海上真的很好。那时，老爷子摇主橹，我摇侧橹。

（石牟礼，2004：150－152）

　　这是"边听边写的记录"吗？莫非石牟礼使用了录音机？应该不会吧。

　　再举一例。

　　以下是一对夫妻的对话。他们的女儿百合6岁发病，长到了17岁，"手仿佛小蜥蜴一般"，"眼睁开，头部无力垂下"（石牟礼，2004：265）。为仿佛死去的小鸟般的植物人女儿换尿布时，妻子对丈夫说：

　　"孩他爸，百合的魂已经离开了她的身体了吗？"

　　"这种问题要问老天爷，别问我。"（中略）

　　"树呀草呀都有魂，鱼呀蚯蚓呀也有魂，我们家百合怎么会没有魂呢？"

　　"你别想那么多了。"（中略）

　　"（中略）大学的医生都让我们放弃，可是做父母的哪能放得下。（中略）百合怎么可能没有魂。（中略）哪怕变得如草木一般，那草木里的魂也会附在她身上的。对吧，孩他爸。"

　　"别说了。"

　　"我不说，我不说。可是我还是想问，百合要是没有魂为什么要来到这个世上？"

　　"（中略）眼睛也看不见，耳朵也听不见。（中略）几十个了不起的医生都没能治好，还是放弃吧。"

　　"放弃了，放弃了。医生、医院都放弃了。可我问问自己的心，我放不下。你说，百合要是没有灵魂，我们又是什么样的父母啊。"

（中略）

"不要说这种奇怪的话。"（中略）

"孩他爸，百合如果是草木，我们就是草木的父母。如果是小蜥蜴，我们就是蜥蜴的父母，如果是小鸟，我们就是小鸟的父母，如果是小蚯蚓，我们就是小蚯蚓的父母。"

"别说了。"（中略）

"百合肯定觉得这里的世界和那里的世界都是一片漆黑。她一定居无定所。我们就算死了去到那个世界是不是也见不到她？孩他爸，百合的魂在哪里呢？"

"够了够了，脑袋要想坏的。"

"罢了罢了。哎呀，这是什么？眼泪，百合的眼泪啊。孩他爸，百合要是没有魂她怎么会哭，她怎么哭了？"

（石牟礼，2004：267-273）

这一节的标题叫作"小草的父母"。

这是无休无止、不停重复的夫妇之间的对话，仿佛"净琉璃"[1]的反复吟唱一般。对于妻子的悲叹和抱怨，丈夫全力加以劝解和安慰，却无济于事。这部分对话长达6页，石牟礼是参与了还是偷听了他们的对话？她究竟是如何写下这些记录的？作为石牟礼的责任编辑的渡边京二[2]，如此揭示石牟礼的"创作秘密"，从而轻而易举地打消了我们的疑虑。

渡边介绍道，石牟礼曾笑着说："原来大家都以为我的书是边听边写的记录啊。"而后，他在《苦海净土》的解说《石牟礼道子的世界》中这样写道：

---

1 日本传统戏剧的一种，在三弦的伴奏下讲述故事。——译者注
2 渡边京二，1930年生，常年在熊本生活的评论家。

其实《苦海净土》并非边听边写的记录，甚至不能算是报告文学。

（石牟礼，2004：368）

渡边认为，实在难以想象那些是"现实中对话的记录"。不过当他听到石牟礼的回答，还是十分震惊。石牟礼是这样说的：

如果将那个人的心中所想，用文字表述出来，就会变成这样的记录啊。

（石牟礼，2004：371）

于是，渡边断言道："石牟礼的回答中包含着《苦海净土》写作方法的所有秘密。"石牟礼在《苦海净土》中使用的语言，不是水俣方言，而是历经了诗般锤炼、只能被称作"道子体"的话语。

在描述一位名为釜鹤松的患者汞中毒的苦闷之后，石牟礼接着写道：

这时釜鹤松的眼神是一种接近死亡的眼神，一种魂魄停留于此世、无法轻易往生的眼神。（中略）

这一天，身而为人的厌恶感尤为强烈，让我难以忍受。釜鹤松那悲伤的，仿佛羊、鱼一般的眼瞳，宛如浮木的姿态，以及绝不可能往生的魂魄，这一天全部移居到了我的身体中。

（石牟礼，2004：147）

是釜鹤松"附体"（石牟礼，2004：372）到了她的身上，还是她附身于釜鹤松身上了呢？石牟礼仿佛招魂的女巫一般，与患者灵魂合一，编织着人世间无处可寻的话语。《苦海净土》这本书中所出现的地方口语，之所以几乎不用翻译就能传达给其他地区的日本人，是因为它不是原生的方言，而是作者所创作的中介语。在这种语言里，蕴含着作者无论如何也要将这种思想、这个世界传达给读者的迫切的执念。

在读渡边京二的"解说"部分时，我不禁拍案叫绝："原来如此，原来如此啊。"随即不由得十分羡慕石牟礼，羡慕她能有如此知音相伴左右。

凭依[1]的文体

是水俣选择了石牟礼，还是石牟礼附身于水俣呢？池泽夏树称之为"幸运的偶然"，他在《个人编撰〈世界文学全集（三）·04〉》（2011年）中收录了《苦海净土》[2]，并在题为《不知火海的古代和近代》的解说中写道：

> 仿佛石牟礼道子从一开始就因为缘分成为与水俣病相关的一员，像是水俣病特意选择了她作为发言人一般。
>
> （池泽，《〈世界文学全集（三）·04〉》，2011：757）

池泽一语道破，《苦海净土》并不是纪实，而是"文学"。同时，他引用了石牟礼的表述——"假装以边听边写的记录方式写作"，"借水俣病主人公们之口，传达自己的语言"，并指出，这是一种"充分运用方言魅力的叙述法"，"这种言文一致的文体，着实构造巧妙"。不仅如此，读者还会被这种"道子体"所附身。池泽再现了一个实例，他与石牟礼会面，从石牟礼口中听到了其"年幼时期身在水俣的幸福感"，池泽如此转

1　表示附身的意思。——译者注
2　在池泽夏树《个人编集〈世界文学全集（三）·04〉》收录的《苦海净土》中，同样收录了池泽的解说《不知火海的古代和近代》，该书月报中还收录了《水俣的暗与光》。

述这一感受：

> 芦苇会永远生长的吧。鰕虎鱼在苇叶上嬉戏，苇叶在风中荡漾……鰕虎鱼大大的眼睛面朝太阳，仿佛耀眼的彩虹一般闪着光芒。
>
> （中略）
>
> 终于，日渐黄昏，潮水涨了上来。鰕虎鱼们朝着海中天草诸岛的方向，观赏着落日美景，然后"扑通扑通"地游回浪涛中。
>
> 我想着那么做的那些鰕虎鱼是什么样的心情呢？
>
> （池泽，《〈世界文学全集（三）·04〉》月报《水俣的暗与光》，2011）

池泽是一位文笔简洁明晰的近代散文作家，连他都不假思索地写下了"我想着那么做的那些鰕虎鱼是什么样的心情呢？"这种没有逗号的一句长文，肯定是被石牟礼的语言"附身"了。

失去的世界

《苦海净土》的读者，一定会被书中所描绘的（已经失去的）美丽世界所吸引。而下面这段是该书中最为精彩的部分，大家都会引用。我也忍不住想要引用一下。

这段文字出自《雪女的见闻记》。

> 船上的生活真的很好。
>
> 乌贼可不讲情面呢，一抓上来就冲着我们"噗噗"地喷墨，那个章鱼呢，章鱼真是个可爱的家伙。
>
> 章鱼要用章鱼罐来捉。章鱼的脚牢牢扒住罐底，向上翻着眼珠，就是不出来。你看，等你（跟罐子一起）被捞到船上你还不是得出

来，快点出来吧。就是不出来吗？不管我怎么说它就是不出来。我"咚咚咚"敲了敲罐底，它还跟我撒起娇来。我也没辙了，只好拿捞鱼器具的手柄捅了捅它的屁股，哎呀，出来了。好家伙跑得真快，八只脚交替而行，一点儿都不会打结，跑得真带劲。我也不甘示弱，船翻了也不怕，拼命地追，总算把它装进篮子里，继续航行。它又从篮子里爬了出来，正襟危坐在篮子顶端。你瞧，你已经上了我们家的船就是我们家的一员了，别斜着眼睛瞄我要小性子。[1]

我们完全不用担心吃的鱼或是海里的其他物产。那时的日子真好。

（石牟礼，2004：154-155）

年迈的渔民（江津野老人）对渔民的生计做了如下描述。

鱼是上天赐给我们的。上天赠与我们的礼物，我们无偿获取当日之需，度过每一日。

没有比这更奢侈的了。

（石牟礼，2004：221）

在纪实文学作家山秋真（1970—）的作品《阻止修建核电站的人们》（2012年）中，祝岛的渔民们反对在山口县上关地区建核电站时，也同样说道：

（中略）这不是某个人的大海。正因为它是所有人的大海，所以不能不保护它啊。

（山秋，2012：152）

1　指用网捕捞乌贼的方法，在山秋真的《阻止修建核电站的人们》一书第182页有详细描述。

"我们从祖先那里无偿获得的、代代相传至今的珍宝，将来也务必要代代传承下去。"持这种观念的人们，不可能会为了得到以"渔业权补偿款"为名派发的数亿日元，就将并不属于自己的大海卖出去。

与农民不同，渔民们既不播种，也不饲养、繁育。对于来自大海的馈赠，他们只取自身所需，并感叹："没有比这更奢侈的了。"池泽将这种世界称为"古代的"世界，并赞美石牟礼古代般的感性与这一世界交相呼应。但作为读者，我颇感疑惑。《苦海净土》中雪女曾说："我呀，认为海底一定有龙宫。"（石牟礼，2004：167-168）雪女口中的世界，真的是过去真实存在、现已失去的世界，是停留在四岁的"小道"（石牟礼道子小时候的爱称）记忆中的那个前近代的世界吗？

用"道子体"所描绘的世界越是接近天国，越是让我感觉到这种世界从未存在过。它是石牟礼希冀的、通过她的语言才得以呈现在我们眼前的"不存在于这个世界的地方"。这就是所谓的"乌托邦"（不存在的地方），是将不存在的过去以神话形式展现的"乡愁"。石牟礼并非再现了过去真实存在的世界，而是创造出了她所期盼的世界。她从非笔墨之言所能尽述的悲惨中挣脱出来，才创造出这一切。倘若不创造出这样的世界（龙宫玩耍的记忆证明了这个世界的虚构性），那么便无法解救那些万念俱灰地活着的患者吧。所以，当石牟礼让年迈的渔民（江津野老人）感叹"没有比这更奢侈的了"的时候，让雪女诉说"我呀，认为海底一定有龙宫"的时候，她所要表达的，便是她心中的那份祈祷。

与男性思想的诀别

石牟礼的文体是凭依（附身）的文体，这一点毋庸置疑。然而，要是将她作为"古代般""巫女般"的存在供奉于神殿之上，却不免令人感到有些违和。能进行表达的女性，并不仅仅是古代般的存在。使用语言讲述自我的人，不管是否愿意，每个人都会成为个体。无论对谁而言，"表达"这种行为应该都是孤独的。

石牟礼曾是民众自我表达运动——"同好村"[1]的成员。《苦海净土》的初稿，于1960年发表在同好村的内部杂志上。同好村中，有数名各具特色的女性，她们提高了九州女性的声誉。以森崎和江为首，成员还有作家中村纪伊子（1928—1996），女性史学家河野信子（1927—），以及石牟礼道子等。20世纪60年代，纷纷步入30岁的她们，以自我表达为毕生事业进行工作。

森崎和江因采访记录女矿工的作品《漆黑》（1961年）以及《第三性》（1965年）而备受关注，中村纪伊子则因著作《女与刀》（1966年）引人注目。与她们相比，同时代的石牟礼道子成名较晚。石牟礼和河野信子一样，当时正致力于为女性史学的创立者高群逸枝（1894—1964）撰写评传。如果在那时，她没有与水俣相遇，那么之后，她又会做些什么呢？

在同好村的女性周围，有作家上野英信（1923—1987）、诗人谷川雁等男性。因为谷川，森崎一个人带着孩子离开了原先组建的家庭。谷川是大正行动队的组织者，大正行动队诞生于1958年的三井三池斗争中。谷川不仅是革命的鼓动者，对于女性而言也是引诱者。石牟礼受共产党人谷川

1　"同好村"是日本战败后成立的矿工独立运动共同体，该组织以增进九州、山口县各地方团体，以及职场中的小团体的互相交流合作为目的。1958年创刊了内部交流杂志《同好村》，主要成员有谷川雁、上野英信、森崎和江等职业作家。交流杂志有200余人参与，该组织的活动为战后思想史发展的重要组成部分。

的影响，做过短时间的共产党员。石牟礼和共产党的关联，今日看来有些许奇妙的感觉，她本人也在《最后一人：诗人高群逸枝》（2012年）中回顾道："连回忆起来都觉得是很奇怪的事。"但是，她并没有把这段过往从自己的年谱中隐去。石牟礼的心，也曾被"革命"一词深深吸引。而战后日本的"革命"，难道不是近代和启蒙的代名词吗？

我认为如果没有谷川，石牟礼是不会加入共产党的。但是，当时住在"森之家"［高群和她的丈夫桥本宪三（1897—1976）对位于世田谷的住处的称呼］中的石牟礼，在《最后一人：诗人高群逸枝》中，写下了与谷川"诀别之词"。

> 我们，不，至少我，已决定不再与男性（男权）世界对话……男权支配下的遗语，不论是多么进步的男性来使用，终究会受其思想根基所限。
>
> （石牟礼，2012：316）

1967年，在登载于同人杂志《无名通信》[1]的《最后一人之笔记》[2]中，石牟礼如是写道：

> 即使是方才还在考虑革命的男性，当他转身面对女性的时候，也瞬时变成了体制的代言人。男性的语言成为权力的话语，在被说出口的瞬间就幻灭了，一片片凋落在我的眼前。那是令人不忍直视的光景。
>
> （石牟礼，2012：426）

---

1 《无名通信》是森崎和江、河野信子等属于九州"同好村"的女性们创作的同人杂志。1959年至1961年间刊行过20期。杂志名中的"无名"展现了舍弃"妻子、母亲、女儿"等称呼的"无名"女性表达自我的立场。

2 收录于《最后一人：诗人高群逸枝》《（补）最后一人之备忘录》中。

当我想要说点什么，就立刻变成用男性的思想发声。

（石牟礼，2012：427）

我想，若是使用至今尚未发声过的女性语言，怎么可能无法回应这些问题呢。

（石牟礼，2012：426）

石牟礼曾经学习（learn）过男性语言，但之后选择重塑（unlearn）[1]，从而重新收获了"道子体"，换言之，"道子体"便是这样的重生之物。如前文所述，《苦海净土》是以三种文体写就的。正因为理解这三种语言，石牟礼主动赋予了自己"翻译"的使命，让因彼此说着不同话语而无法互相理解的人们得以沟通交流。所以，石牟礼并不是一开始就属于"前近代"或"原初"世界的。

"女性"的思想

在尝试编写本书第一部分"重读'女性之书'"时，我曾犹豫过是否要收入石牟礼道子的著作。《苦海净土》一书并非以女性为写作对象。但毋庸置疑的是，它确实由女性书写而成。如果作者不是女性，是无法写出这样的著作的。这本书可谓女性的思想成就……如此一想，我不再犹豫，坚定了收录石牟礼这部著作的想法。

推动我选择石牟礼的原因，还有石牟礼的另一部著作——《最后一人：诗人高群逸枝》，该著作写于40年前，最近被再版。标题中的"最后一人"，表面看起来是在说第二次世界大战前的女权论者、女性史学

1　unlearn指的是刻意忘却学习过的内容，重新习得其他知识。可参照本书第二部分，佳亚特里·斯皮瓦克（Gayatri C. Spivak）《底层人能发声吗？》相关章节。

代表人物高群逸枝，然而事实上，石牟礼描述的是高群的丈夫——桥本宪三。作为高群独一无二的知音，桥本宪三编辑了《高群逸枝全集》全十卷（1966—1967年），可以说是高群著作的制作人。在东京世田谷区的住所"森之家"，高群挂上了"不出大门，谢绝会面"的牌子。在这里，她以古代的一万多条婚姻习俗为素材，完成了巨著《母系制的研究》（全集第一卷）、《招婿婚的研究》（全集第二、三卷）。高群可谓一位传奇的民间史学家。而一路默默支持着高群的，便是这位世间少有的丈夫桥本宪三。

1964年，石牟礼37岁时，偶然读到了同乡前辈高群的著作，便狂热地崇拜高群，给在东京的高群写了信，可高群读到她的信时已不久于人世了。高群去世后，不知是怎样的缘分，桥本突然拜访了同乡人石牟礼的住处，动员她前去"森之家"，帮忙整理高群的遗物、收拾房屋。当时桥本69岁，石牟礼39岁。石牟礼感受着终未能在生前见上一面的高群的气息，在"森之家"，与桥本一起怀着对高群的思慕之情，开始了男女二人奇妙的共同生活。桥本追忆中的亡妻形象栩栩如生、丰满鲜活。他在石牟礼身上看到了高群的影子，而石牟礼则服侍起上了年纪腿脚不便的桥本，就像桥本曾照顾妻子那样。

石牟礼的《最后一人：诗人高群逸枝》在《高群逸枝杂志》上连载，该杂志是返回水俣的桥本，在生前创办发行的杂志。桥本去世时，《最后一人：诗人高群逸枝》尚未完成，著作原稿在大约40年后以书籍的形式出版了。这传说中的原稿，我在它成书后才读到。然而，得知这本原本应该是为高群逸枝撰写的评传中，所述的"最后一人"并非高群而是桥本，我很是惊讶。还有另一件让我惊讶的事，1966年，在"森之家"中居住的大约半年的时间里，石牟礼接着写作《苦海净土》的初稿，而它最初的读者，就是桥本。

高群逸枝是诗人、无政府主义者、历史学家，是法西斯主义者，也是女性主义者。平塚雷鸟称其为"灵魂相通的妹妹"，并在狂热的读者信中写道："能为你写评传的只有你自己。"高群的丈夫，她的知音和她作品的编辑桥本，将被视作高群污点的无政府主义时代的作品和战时法西斯系列的作品，从高群的全集中悉数删除了。石牟礼为高群的著作折服并入迷时，高群已步入生命的倒计时。当石牟礼第一次与桥本会面时，桥本断言说："你和她（高群）起步时一模一样。"高群37岁那年进入"森之家"开始科研生活，而石牟礼则在37岁那年偶遇高群的作品。缘分是如此的不可思议。

1965年，《苦海净土》在《熊本风土记》上第一次刊登，连载一直持续到1968年。从此，石牟礼除了桥本之外，还有了另一位"编辑"，就是上文提到的渡边京二。

1977年，在《最后一人：诗人高群逸枝》的《（补）最后一人之备忘录》中，石牟礼怀着对桥本的思念，写下了《点朱人》一文。在久高岛（冲绳本岛东南部）的祭神仪式中，村落中参加神女节的女子们变身为神女时，需进行"点朱"仪式。"点朱"通常由男性承担，承担"点朱"工作的人就是"点朱人"。通过"点朱人"，普通的女性化身为被选中的神女。能被选中成为神女的，是当地女性中具有"高灵威"的女性。高群就是这样一位女性，她亲自选择桥本作为"点朱人"，继而成为天选之人，化身为"姊妹神"（onari-gami）[1]。

石牟礼将姊妹神与故乡水俣的"闷神"进行了类比：

> 所谓闷神（modae-gami），尽管自身缺乏神力，却拥有全面感

---

[1] 姊妹神是指在琉球流传的古代信仰。跟哥哥血脉相连的妹（onari）作为哥哥的守护者被神格化，是重视女性灵力的琉球所特有的信仰形态。

知事态及生物灾害的禀赋。人世间纵有诸多不幸，但在众人极度悲叹之际，闷神会降临，同悲同叹（并非赘言），给予跌落谷底者以生的慰藉。

（石牟礼，2012：390）

石牟礼将自己比作高群，赋予自己"闷神"的角色。不难想象，正是与高群的相遇促成了这一切。她这样写道：

> 我被高群逸枝身上的原始冲动所震撼，感受到了一脉相承的血缘。

高群作为世间少有的女性史学家，拥有极高的声望，所以之前从未有人质疑她的研究成果的可靠性。有很多人研究高群，但很长时间都没有人去将一万条婚姻习俗溯源，检验其真伪。此时，历史学家栗原弘（1945—）登场了。1994年，他抽出高群引用的、从平安中期至室町时代的500条家族资料进行验证，结果发现，高群的著作中存在"篡改史料、有目的地创作"等现象。

这一高群史学的史料篡改说震惊了高群研究者们。翌年的1995年，在由比较家族史学会主办的研讨会"超越'国家'和'母性'——如何继承高群女性史？"上，石牟礼在明知高群篡改史料的情况下，仍然直言："我对于高群先生的敬爱丝毫未变。"这场研讨会在福冈举办，而恳请石牟礼出席研讨会的，是当时担任研讨会协调人的我。[1]

栗原虽然批判高群，但并非只是停留于抨击。对于高群的最终目的，栗原表达了合情合理的共情与理解："颠覆由他人书写的（女性）历

---

1 研讨会的汇报人有栗原弘、西川祐子、石牟礼道子，主持人是上野千鹤子。研讨会记录收录在《性别与女性》（1997年）中。

史，实现女性解放，（中略）洗刷日本妇女有史以来的屈辱。"（栗原，
1994：369-370）如此想来，高群的女性史，可以理解为记述事实基础上
的一种语言艺术。的确，高群女性史的诸多女性读者，从中获得了力量和
鼓舞。而这，正是诗人高群实现的伟业。石牟礼评价高群为诗人，大概她
是以继承高群作为诗人的资质为己任了吧。

诗人往往被视作无用之人，身为诗人的高群写下了这首诗：

　　汝坐于洪水之上

　　神明雅赫维[1]

　　吾坐于日月之上

　　诗人逸枝

（石牟礼，2012：397）

时代对逸枝的不理解、这首诗曾令一些人反感、高群逸枝的自我陶醉
等，石牟礼全然知晓。然而，正是因为有如此强烈的自傲，高群以及石牟
礼才能够做出仿佛以整个历史为敌的反抗行为。

《最后一人：诗人高群逸枝》的末章中，收录了随笔《"隐藏"的思
想和壮大的自我复权》作为"附"。其中有这样的表述：

　　我曾经以为将谷川雁的思想作为自己最终的思想未尝不可，但
　　是，与生俱来的本真的自我难以顺服，我意欲将这一自我更加明确地
　　展现出来。

（石牟礼，2012：457）

不可否认，石牟礼曾一度受到谷川思想的影响。

1　原文为Yahweh。《旧约》中的神，在不可言说的上帝名Yhwh（耶和华）中加入元
音后的读法。——译者注

石牟礼说："日本的近代思想，属于挫折派的谱系。谷川雁可以被视为这个谱系的最后一人。从谷川雁身上，我看到了惨烈的结束。"（石牟礼，2012：457）或许这样说更为贴切：石牟礼不是将"男性思想"作为低级的思想，而是将其视作思想的高度达成，并努力超越之。

这句话中的"最后一人"，揭示出其书名中的"最后一人"，不仅指桥本，还有可能指谷川。也使《"隐藏"的思想和壮大的自我复权》这个令人有些费解的随笔标题逐渐明朗起来："'隐藏'的（女性）思想"如今已经不再隐藏，而是显现了出来；所谓"壮大的自我复权"，就是普普通通"无力无能"的人（即女性）的充满骄傲的自我肯定，也可以称之为自我陶醉。[1]

在石牟礼2012年撰写的该书的"后记"中，谷川的名字共出现了三次。

其中，石牟礼引用了谷川雁的《存在原点》（1958年），并明确地指出：

> 20世纪的"母亲们"在哪里呢？冷清的、无人到访、无人涉足的地方在哪里呢？令现代基本性主题发酵萌芽的、黑暗而温暖的深处在哪里呢？那里就是诗人的坐标——"原点"吧。（中略）
>
> 我们除了"逐步深入"别无他法。像谷川先生那样的主观思考是无法产生飞跃的。向下、向下，向着根部、向着根部，走向那没有花开的地方……
>
> 我想，那就是有别于谷川先生的、我们的地方。
>
> （石牟礼，2012：461）

1　这里的"自我复权"，是田中美津在《致鲜活的女性：纠葛挣扎的女性解放运动》中提到的从"自我否定"中解放，即自我否定到极致后无法再进一步否定的自我肯定。参照本书下一章。

历经半个世纪，石牟礼终于可以这样发出属于自己的声音。

所谓"我们的地方"，究竟在哪里呢？它不在过去，也不在未来，它仅存在于石牟礼写就的文章之中。

所谓思想，是用语言构筑起的阵地。而所谓女性的思想，若不是女性织就的言语，又能是什么呢？

参考文献

池澤夏樹，2011，「不知火海の古代と近代」，《個人編集『世界文学全集　Ⅲ-04』》，河出書房新社

池澤夏樹，2011，「水俣の闇と光」，[池澤2011 月報]

石牟礼道子，2004，『苦海浄土——わが水俣病』，講談社文庫

石牟礼道子，2012，『最後の人　詩人高群逸枝』，藤原書店

栗原弘，1994，『高群逸枝の婚姻女性史像の研究』，高科書店

谷川雁，2009，『原点が存在する』，講談社文芸文庫

田端泰子、上野千鶴子、服藤早苗編，1997，『ジェンダーと女性』，早稲田大学出版部

山秋真，2012，『原発をつくらせない人びと』，岩波新書

渡辺京二，2004，「石牟礼道子の世界」，[石牟礼2004]，講談社文庫

田中美津

第三章 女性解放运动的第一声啼哭：田中美津《致鲜活的女性：纠葛挣扎的女性解放运动》

一张满载女性呼声的传单

从学生运动的废墟中诞生的日本女性解放运动

渴望的女性解放——为了成为我想要的自己

◎ 田中美津

1943年出生于东京，20世纪70年代日本女性解放运动的代表人物。1971年，作为"团队作战的女性"这一团体的领导人，她创立了"女性解放运动新宿活动中心"。1982年，她创建了东方医学诊所"Reraharuse"，开始从事针灸师的工作。主要著作有：《生命的形象训练》（新潮文库）、《无足轻重却不可替代的我》（Impact出版社）、《自我治疗体寒（新）》（Magazine House）。

其代表作《致鲜活的女性：纠葛挣扎的女性解放运动》于1972年由田畑书店出版发行，1992年河出书房新社出版了河出文库版，2001年Bandora出版社刊行了该书单行本的新版。

一张传单——《从厕所中解放》

1970年10月21日，是日本女性解放运动的诞生日。

这一天也是国际反战日。当日，在东京新宿举行了只有女性参加的示威游行，组织者是一个女性团体，名为"团队作战的女性"。在那一天，她们散发的一张传单，可谓开启日本女性解放运动的不朽宣言。这张题为"从厕所中解放"的传单，并没有署名。事实上，它由田中美津所写，在游行的前一天晚上，田中一宿没睡，一气呵成写成了这篇传单文章。

那是发生在40多年前的事。你可能无法想象，在20世纪70年代，只有女性参加的示威游行极为特殊。当时，反战示威活动日渐暴力化，示威者佩戴头盔十分普遍。女人似乎理应与男人一起行动，若是女性单独组织运动，则会被男性视为"分裂主义"的行为，遭到厌弃。

在革命事业中，没有男女之别，大家为了共同的目标一起战斗是理所应当之事。那是1970年的秋天，第一次出现了专属于女性的示威运动，提出了专属于女性的问题。彼时越南战争仍在进行，反战斗争仍在持续，但随着1969年1月东京大学安田讲堂[1]的败北，如火如荼的学生运动开始进入了漫长而痛苦的衰退期。

"厕所"是男学生背地里对女学生的称呼，污蔑女人是男人的性欲处理机器，而男人的这种性欲正如排泄欲一般。在为学生运动搭建的街垒后面，一场年轻的男女学生的"性革命"正在进行。在世界各地同时开展的学生运动中，政治与性同等重要。1968年的巴黎"五月革命"里，甚至出现了"性高潮对我来说和革命一样重要"的标语。

然而，"性解放"对于男性和女性的影响相去甚远。对男人来说，性

1　当时东京大学本乡校区被"全共斗"的学生占据，日本警视厅机动队员冲入安田讲堂，制服了在屋顶上最后抵抗的学生，并逮捕了多名学生。——译者注

经验是他们的勋章，拥有越多的性经验越是荣耀，但对女人而言，性经验却是一种污名（负面烙印）。在街垒后面，"随便与男人发生性关系的女性"被男学生私下称为"公共厕所"。直到20年后的90年代，我才得知，这个词也是日军用来指代"慰安妇"的隐语。

女性解放运动是第一个将"性"（sexuality）作为斗争主题的女性运动，此前的女性运动都没有从正面提出过这一问题。就在这一天，女性对于性的诉求以一种极为清晰的日语表达登场了。

《从厕所中解放》一文中有一个段落，标题为"我是厕所，你是污物，……我们可悲的性行为"，我们引用一下其中的内容。

> 对男人来说，女人可以被分为两类：一类体现出母性的温柔，即母亲；另一类则是性欲处理机器，即厕所。（中略）男人对于母亲或厕所的意识，在现实中表现为视女性为结婚对象或只是视女性为玩物。（中略）兼具温柔和官能两种属性的女人在男人的分类意识面前被瓦解了，而这种男性意识是统治阶级的产物，于是，女性被迫作为两种属性中的一种而存在。但同时，让女人只作为一种属性活着的男人，也因此压制了自己的属性，因为他也只能作为某个属性而活。
>
> （田中，2002：338）

田中写道："女性解放运动是新左翼怀胎十月生下的怪胎。"是的，女性解放运动是新左翼的孩子，但却是一个完全不像父母，甚至会反噬父母的怪胎。

女性解放运动的许多早期领导人都是参与了学生运动的"战士"。这些女战士曾将男性视作"同志"，和他们为了同一个目标而战，但最终却遭到了男性同志的背叛，深陷失望之中。我也是她们中的一员。同时，参与女性解放运动的这些普通女性极具多样性，她们有的因与男性的关系而受到伤害，有的想要逃离父母的压迫，有的则被职场的不公平待遇所激怒。

性行为不是一个男人和一个女人摆脱了所有社会属性后的赤裸相拥。赤身裸体的他们，在上床之前，已经被深深烙上了"男性气质"或"女性气质"，他们带着彼此性别的历史（社会和文化的性别差异）依偎在一起。男性试图把女性划分为母亲与娼妇，并用"贞洁"来压抑前者，用"榨取"来逼迫后者。前者便是日军眼中的"军国之母"，后者则是惨遭蹂躏的"慰安妇"。

在10月21日的"女性示威游行活动"中，有这样的一个标语牌，标语牌上写着"贞女和'慰安妇'支撑了战争"，将战争中的贞洁烈女和"慰安妇"等同视之。同年11月，一张题为"女性是具有生殖器官的劳动力商品吗？打破令女性地位越发恶劣的《禁止堕胎法》《劳动基准法》"的传单广为流传，田中在其中写下了类似的观点。

> 所谓"为了国家、为了家庭"，这些冠冕堂皇的理由，令女性背叛了自己，背叛了那个原本将柔情和肉欲合二为一的自己。作为"日本之母"的贞洁烈女们，在战争的后方支援国家。而在前线，"慰安妇"充当了那些烈女的丈夫们排泄性欲的"厕所"，她们通过性管理，把男人培养成对天皇赤胆忠心的臣子，服从军令、冲锋杀人。
>
> （田中，《女性解放运动新宿运动中心资料集成》，2008：86）

田中继续说："那些烈女们因为保持贞洁，从而得以留在后方支援，但她们是用自己男人的精液玷污朝鲜妇女的共犯。她们既是受害者，也是加害者。"这是日本女性运动首次触及"慰安妇"问题。

在《日本女性解放运动史资料（一）》一书中，收录了一位女学生运动家在1971年写下的话。而田中所写的传单，在时间上早于这段话。那位女学生是这样写的：

> 作为女性被压抑的性欲，作为压迫者（日本人）的丑陋，以及作为孤独的统治者的苦难与悲哀，并不是相互独立的存在，而是一个整体。（中略）90%的日军"慰安妇"是朝鲜女性。（中略）日本和朝鲜的"慰安妇"都是受害者，她们的女性属性都被撕裂了。然而，日本"慰安妇"却将自己与朝鲜"慰安妇"区分开来，只不过因为自己是压迫一方的日本人。通过这种区分，她们越陷越深，陷入无尽的深渊之中。
>
> 从她们身上，我看到了女性的、女性间的最为决裂的关系。
>
> （佚名，《在全日本学生联合会第30届全国例会上发表的反对性别歧视和排外主义的决心宣言》，1971年）
>
> （田中，《日本女性解放运动史资料（一）》，1992：123）

然而，在那之后的很长一段时间里，这个问题无人问津，直到1991年，一位原"慰安妇"的韩国女性挺身而出。[1]

无论是被"玩弄"的女性，还是被作为"结婚对象"的女性，都受制于男人对待性的双重标准。即便如此，不少女性试图提高自己的性价值，努力成为"结婚对象"。她们央求"请不要把我当作一个娼妇"，从而与另一类女性划清界限。她们一边漠然地歧视着另一类女性，一边在床上扮演着处女的样子。在这些所谓的"个人行为"中，"性的政治"[2]显而易见。

---

1 若想了解更多"慰安妇"问题的相关内容，请参考上野千鹤子所著的《国家主义与社会性别》（1998年）。

2 是美国女性主义思想先驱凯特·米利特（Kate Millett，1934—）在其著作《性政治》（1970年）中提出的概念，这个概念明晰了男性在性领域对女性进行支配的起源。凯特·米利特是爱尔兰裔美国人，《性政治》一书被奉为美国女性解放运动的"圣经"。

无论是革命还是政治，都不能脱离日常。女性运动将男人重新拉回到他们的生活现场，使日常成为战场，不让他们逃脱。

不久之后，"个人即政治"（Personal is political）的标语席卷全球，而在这句话被译介到日本之前，日本已经有了"从厕所中解放"一说，与之不乏相似之处。

从校园斗争到女性解放运动

田中美津出生于1943年。她因参与了反越战运动而成为学生运动家的"共情者"（sympa）[1]。1970年，她与男性运动家决裂，成立了"团队作战的女性"团体，并在10月21日组织了示威游行。第二年，也就是1971年，她和朋友们成立了"女性解放运动新宿活动中心"，结成女性共同团体，而那里也成为女性解放运动的中心。1971年夏天，她组织了第一次女性解放运动的"合宿"[2]。1975年，即"联合国妇女10年"（U.N. Decade for Women，1976—1985年）的前一年，她离开日本前往墨西哥参加第一届世界妇女大会，在墨西哥停留了4年半没有回日本。在此期间，她成了一名单身母亲，之后带着儿子回到了日本。回到日本后，她做了一名针灸师，经营一家名为"Reraharuse"的针灸诊所。田中是一个传奇人物，被誉为"日本女性解放运动的旗手"。

她的处女作——《致鲜活的女性：纠葛挣扎的女性解放运动》（后文简称《致鲜活的女性》）堪称经典名著，至今依然光彩夺目。该书于1972年由田畑书店出版发行，后来被不同的出版社多次重印、出版。1992年河出书房新社出版了河出文库版，2001年Bandora出版社刊行了该书单行本

1　sympa是sympathizer的略写，指共情者、支持者。
2　合宿指多人在一定的期间一起生活，进行共同的练习和进修等。——译者注

050

的新版，由现代书馆销售。我手边的，是Bandora出版社发行的新版，之所以选择这个版本，主要出于以下几点理由。

第一，这个新版的腰封是我写的。

请允许我完整地引用一下：

> 1970年，在学生运动的废墟中，诞生了女性解放运动这个怪胎，它在学生运动腹中待满了整整10个月。田中美津的《从厕所中解放》（收录在本书的"资料"部分）是日本女性解放运动的不朽宣言。日本女性解放运动既不是舶来品，也不是对他人思想的借用。我很高兴，日本女性解放运动中有田中美津真切的呐喊。这本书充满了对女性解放运动的热情和执着，它已成为经典，如今仍熠熠生辉。

我至今仍觉得，这个介绍简洁明了且切中要害。

第二，正如腰封所述，这个新版本将《从厕所中解放》一文作为"资料"收入其中，而最初的版本里并没有包含这一内容。当时，用孔板印刷法印制的传单，最多只能印300份。一些女性将那些传单收集起来，随身携带，并最终将其汇集成了三本书——《日本女性解放运动史资料》全三卷（1992—1995年），其中就包括《从厕所中解放》这张传单。之后，包括我在内的四位女性学研究者编辑了《日本的女性主义（一）：女性解放运动与女性主义》（1994年）一书，也将这张传单收录其中，这得益于《日本女性解放运动史资料》三本巨著的先行出版。当时只有为数不多的人能接触到田中的《从厕所中解放》，Bandora出版社在《致鲜活的女性》的新版中特地收入了这篇文章，使得读者可以一次性读到田中的诸多作品，可谓用心良苦。

第三，除了田中自己的三篇"后记"（初版后记、文库版后记和新版后记）外，新版中还收录了诗人伊藤比吕美对该书文库版的"解说"，以及文艺评论家斋藤美奈子对新版的"解题"。伊藤生于1955年，斋藤生于1956年。她们是后来者，没有与田中共同经历过日本女性解放运动。因此，她们的文章不仅让我们看到了后人对女性解放运动的看法，也让我们了解到从1972年至新版出版的30年里，该书走过的历程。

从这个意义上说，这本书当下依然令人耳目一新，它在历史的每一个转折点如凤凰一样涅槃重生。

该书中最著名的文章莫过于《渴望被理解的那颗乞求的心》（田中，2001：64）。田中的文章令人难以忘怀，不仅因为其包含着炙热的讯息，还因为其热情洋溢的口语化的文体，以及明快耿直的文风。这在本文的标题中已尽显无遗。

> 当被男性问道："女性解放运动是什么？"我不得不岔开话题。我之所以这么做，正是因为我渴望被他们理解。曾经，一个女人最引以为豪的事情是获得男性的欣赏，我在想要开口的自己身上也看到了这种历史性，不禁欲言又止。（中略）
>
> 正深陷痛苦中的人，是没有办法简明易懂地向别人诉说的。然而，这种纠葛与挣扎，恰是我们的语言、我们的生命。
>
> （田中，2001：88-89）

该书还包括一些与田中的原初体验相关的个人史。据说，她在21岁时发现，是8岁那年遭到的性侵让自己患上了梅毒。《从厕所中解放》的开头第一句是这样写的：

> 在一个阶级社会中，每个妇女生来就拥有私人财产。那是一种叫作"处女"的私有财产。一个女人的人生，是由她如何运用、能否高

价出售这一财产而决定的。

（田中2001：333）

如今的你是否会对其嗤之以鼻？在那个年代，男人不管如何浪荡，都认为"要是结婚，我一定要找个处女"，而女性也认为"在结婚前我要守身如玉"。在那个时代，一个失去贞操的女人被称为"残次品"，女性要为结婚对象"献上处子之身"。但如果当下我们仍然认为性经验较少是女性的一种美德，那么，我们与那个时代又有多少差别可言？21岁的田中不仅没有那份女人仅有的私有财产，而且她别无选择，只能把自己视为"罪人"或"不洁的女人"。

当时，"自我否定"一词在校园斗争中颇为流行。在那个年代，能上大学的学生比例还很低，于是，学生们否定自己作为精英的加害者身份，决心与被压迫和被歧视的人站在同一战线。然而，对于一直认为自己是"破烂"、毫无价值可言的田中来说，却没有可以否定的自我。

对于那些在学生运动中也把他们钟爱的"女性气质"强加给女性的"男性同志"，田中写道：

> 如果一个女人没有作为女人而活，她又如何能作为一个妻子或母亲而活？

（田中，2001：144）

她如此痛快淋漓地呵斥对方，并继续说道：

> "我怎么可能就是个烂货？"从自我否定中走出来，便是我的女性解放运动。

（田中，2001：145）

关于"堕胎自由"

1972年，随着反对《优生保护法》修正案运动的进行，日本女性解放运动迎来了高潮。在日本，女性堕胎并不是一件难事，然而时至今日，她们也没有获得法律上的认可。日本于明治四十年（1907年）颁布的刑法，一直沿用到二战之后，其中一项条款是"堕胎罪"。该条款规定：未经国家许可而随意堕胎者，实为违反了刑法的罪犯，这意味着"女性的子宫归国家所有"。而《优生保护法》的出台，旨在使得出于优生原因的堕胎成为例外，可以免于"堕胎罪"的制裁。日本败战后，经济原因（贫穷）也被添加到例外情况中。如此，"堕胎罪"被从广义上加以解释（允许一些例外情况），这使得只要是由《优生保护法》指定的医生来操作，便可以在日本的任何地方轻松且相对便宜地进行堕胎。这种做法的背后有其政治原因——当时战败归国的复员和遣返士兵约500万名，日本国内粮食紧缺，所以唯有通过此举来控制人口增长。而后在20世纪70年代，日本的出生率逐渐下降，政界和商界的领导们，从性活动的增加而导致的不断增加的堕胎数量中感到了危机，他们担心未来劳动人口不足，于是提出修正案，意欲取消出于"经济原因"的堕胎，对堕胎条件严加控制。对此，日本的女性解放运动者们拼命反抗。

不仅在日本，"堕胎自由"在世界各地的女性解放运动中都是争论的焦点之一。这是因为，直到20世纪70年代，许多国家的女性都没有自由支配自己子宫的权利。女性的子宫是属于男性的，或者更确切地说，是属于国家的。女性擅自堕胎会受到国家的惩罚，便是最有力的佐证。正因如此，女性不得不振臂高呼："我的身体是属于我自己的。"

在美国和欧洲，围绕"堕胎自由"出现了国民两派间的对立冲突。美国的堕胎诊所被狂热的反对者烧毁，想要守住"堕胎权"的一方必须拼上性命。而在欧洲，堕胎是非法的，作家西蒙娜·德·波伏娃等著名女性为求获得"堕胎自由"而在巴黎街头示威游行，她们呼喊道："我也曾堕过胎。若堕胎要受到惩罚，就请将我逮捕。"

从那时起，欧美的堕胎权在附带条件的情况下得到了扩展，但相比于日本，那里的女性实施堕胎仍然较为困难。1994年，"国际人口与发展会议"于开罗召开，会议的议题是发展中国家的人口控制，但会上提及的"性和生殖的权利与自由"（包括"堕胎自由"）却遭到了伊斯兰国家的强烈反对，最终各国未能达成一致意见。

"我们希望创建一个人们能够，并且愿意生孩子的社会"

日本之所以成为令人不齿的"堕胎天堂"，是因为日本夫妇和情侣的避孕方法非常拙劣。其中最常见的是"安全期"，即通过月经周期来计算排卵日期的方法。这种不稳定的月经周期法往往错误百出，不能被称为正确的避孕方法。接下来则是使用避孕套，但是日本男性不愿意戴避孕套，因为他们认为这将降低性交时的快感。结果，很容易便能实施的堕胎，便被视为"避孕方法之一"。

当时的数据显示，日本女性的堕胎率远远高于其他国家，而且主要集中在育有二胎的中年已婚女性中。40多岁的女性的堕胎率超过50%。因此，当中年女性向你倾诉自己身体不适时，即使你不是灵媒，只要告诉她"你被一个流产胎儿的灵魂附身了"，也有一半的概率说对。即使在那些生完第二个孩子后决定不再要孩子的夫妇中，也很少有丈夫帮助妻子避孕的。丈夫们认为，怀上了堕掉就行，而妻子们则反复堕胎。一些妻子抱怨说，她们因太害怕怀孕而无法集中精力进行性生活。这真是个野蛮的时代。

在20世纪70年代，随着性革命的开展，一种名为避孕药的新避孕方法开始流行。与月经周期法和避孕套不同，避孕药的失败率为零，而且，它使得女性能够控制自己的身体，不必再依赖男人，可谓是一种划时代的方法。人们的性的解放，即从性的生殖属性中解放、追求性的快乐，与避孕药的普及是密不可分的（至少在欧美如此）。

同样，日本也有一些女性将避孕药引入国内。这些女性组成的团体被称为"中Pi连"（1972年结成）[1]，即"反对禁止堕胎的法律并要求解禁避孕药的女性解放联盟"，由榎美沙子（1945—）领导。这些女性戴着粉红色的头盔，来到与她们有婚外情的男人工作的地方进行抗议。这种浮夸的表演成为媒体的靶子，并最终被媒体彻底利用，成为女性解放运动的戏剧化象征。而从其组织名称中可以看出，"堕胎自由"也是该团体所关注的政治焦点问题。

然而，在避孕药方面，女性解放运动者们一直都很谨慎。从这个意义上说，一味要求解除禁令的"中Pi连"是个例外。女性解放运动者之所以很谨慎，是因为担心避孕药的滥用会使自己成为对男人来说"方便的女人"。这样一来，避孕的责任就只有女性承担，男性则可以免责。

由于违反了《药事法》[2]的规定，避孕药自20世纪70年代被介绍到日本以来，有近20年的时间一直无法在日本销售。直到90年代，部分禁令才得以解除，但仅限于凭医生处方销售的避孕药。与在任意一家便利店都能轻易买到的避孕套相比，避孕药着实难以获得。相比之下，伟哥（壮阳药）被引进日本后，短短3个月便得以解禁。避孕药和伟哥都可能有副作

1　"中Pi连"是"反对禁止堕胎的法律并要求解禁避孕药的女性解放联盟"的简称，"中"为"中绝"，表示堕胎；"Pi"是Pill的略写，表避孕药；"连"为"连盟"，即联盟的意思。——译者注

2　2014年更名为《药机法》，是为确保医药品、医疗器械等的品质、有效性、安全性而制定的法律。——译者注

用，但伟哥的解禁却出乎意料的迅速。虽然一些保守派的政治家出于其
"会使女性变得不检点"的理由而反对避孕药，但男人的性放纵却没有受
到任何质疑。男性的性行为由他们自己决定，而女性的性行为则受到控
制，数十年来都是如此。

反对《优生保护法》修正案运动是日本女性运动中为数不多的获得了
政治胜利的运动。女性解放运动者们在原厚生省[1]大厅里静坐抗议。所以
请记住，日本女性今天之所以仍有"堕胎自由"，得益于当时女性解放运
动者们的顽强抵制。

然而最终受到保护的，是《优生保护法》，即允许因"优生原因"
进行堕胎的法律原则。[2]那么，如果是残障儿童，就可以被堕胎吗？支持
"堕胎自由"的女性解放运动者们遇到了意料之外的伏兵，她们被残障人
士团体指控为"歧视残障儿童（人士）"的人。

关于"堕胎自由"，田中美津的立场不是单纯地要求扩大女性的"权
利"。她不仅接受了堕胎是"谋杀"的指控，还以"我便是杀死孩子的女
人"这种引人误解的言论，来承担了罪责。

> 我想让自己意识到，当我在被迫堕胎的客观情况下，以自己的主
> 观意识选择堕胎时，我便是一个杀人犯。（中略）"的确如此，我就
> 是杀人犯"，一边这样想着，一边凝视着被切成碎片的胎儿，此刻我
> 迫切地希望切断通往这样社会的退路，因为是它迫使女性陷入了如此
> 境地。

> （田中，《日本女性解放运动史资料（二）》，1994：63）

1　当时叫厚生省，是日本负责医疗、保健、社会保障的行政部门。后于2001年1月与
劳动省合并，改称"厚生劳动省"。——译者注

2　此后，《优生保护法》在1996年更名为《产妇保护法》。

田中还对残障人士的指责做出了如下回应：

> 与残障人士不同，女性身处的"现实"中没有令人满意的疗养院，一家都没有。在这样的背景下，她们被迫做出选择！在这个唯有女性无法依靠人文主义生存的世界里，女性和残障人士能以何种方式相遇呢？

> （田中，1994：62）

日本的这场争取"堕胎自由"的女性解放运动，不仅仅是一场争取"不生孩子的权利"的运动。女性解放运动的口号是"我们希望创建一个人们能够，并且愿意生孩子的社会"，可见，她们的目标，是建立一个女性可以自豪地肯定自身母性的社会。

所有女性都是永田洋子

《致鲜活的女性》一书中还有一篇值得关注的文章。

根据后记，这本书写于1972年，当时正值联合赤军[1]事件的高潮。"浅间山庄"[2]事件后，联合赤军士兵动用私刑杀人的全过程被逐渐曝光，这使新左翼的支持者们受到了冲击。更令他们震惊的是，其中一名受害者是怀有身孕的女兵，而杀害她的头目之一，是一个名叫永田洋子的女性。田中也为此深感震惊，她在书中写道："我就是永田洋子。"

> 比男人更积极主动地献身于"男人的革命理论"的女人，都是

1　1971年至1972年间活跃于日本的极左恐怖组织，是新左翼组织的一分子。——译者注

2　1972年，日本极左派组织联合赤军的五名成员绑架了轻井泽"浅间山庄"疗养院的管理人作为人质，并持枪困守浅间山庄10天，警方机动部队突击攻入，引发枪战的事件。

永田洋子。（中略）世界上所有向男人摇尾乞怜的女人，都是永田
洋子。

（田中，2001：272）

一个试图像男人一样成为"革命战士"的女人，基于"生产力的理
论"，杀死了一个试图像女人一样成为妻子或母亲的女人（因为她没有战
斗能力）。将女性分为"暴力罗莎"[1]和"小可爱"，并对立起来，便是
男人的逻辑。在此逻辑的影响之下，永田杀害了表现出"女性气质"的女
人，选择站在"暴力罗莎"一方。而她的男同志们都是性别歧视者，他们
一方面要求女人要有"男性气概"，另一方面却恬不知耻地放言道："如
果要结婚，我想要找个不参加学生运动的女人。"不仅如此，这两类女
性，都同样希望获得男性的认可，可谓一丘之貉。40年过去了，负责"综
合职务"的女性与承担"一般职务"[2]的女性、作为正式员工的女性与非
正式员工的女性之间的分化和对立仍在继续，所以，又有多少女性能嘲笑
永田洋子呢？

后来，永田杀害了身怀六甲的女性，而我则与女性解放运动相遇
了。她和我是在哪里分道扬镳的呢？

（田中，2001：273）

田中如此自问道。她强调不要陷入"男人的逻辑"中，也就是不要陷
入非日常性的革命中，不要追寻以牺牲当下为手段的所谓大义，不要遵从

---

1 这一绰号被用在一个武斗派的女学生身上，因她在东京大学的校园斗争中与男同志
一起进行了武力战斗。该绰号源于德国女革命家罗莎·卢森堡（Rosa Luxemburg，1871—
1919）。

2 在日本，综合职务指代企业的核心职务，负责综合职务的人常被作为后备干部培
养，他们将来有可能担任企业管理的要职。一般职务则指代辅助性的职务，通常辅助综合职
务处理各类事务，一般职务大多由女性承担。——译者注

一味追求权力和效率的所谓生产力。田中的语句让一切变得清晰起来，日本的女性解放运动，从一开始就不是由"想成为与男人一样的女人"开展的，而运动的目标也并非让女性获得男性式的权利。

被记忆和忘却的历史

日本女性解放运动的相关记录被收录在《日本女性解放运动史资料》全三卷中，在《女性解放运动新宿活动中心资料集成》中也有所体现。同时，在《日本的女性主义（一）：女性解放运动与女性主义》一书中，也收录了一篇应被留存于史的宝贵记录——《从厕所中解放》。

如今，在女性解放运动之后出生的女性们已步入不惑之年，而女性解放运动也逐渐成为日本的"历史"。历史是"选择性记忆"的集合，即选择我们想要记住些什么，又要忘记些什么。如果我们不再反复提及女性解放运动，那么我们会逐渐将其遗忘，从而忘记了今日"女性学"和"男女共同参与"政策的原点。

战后日本女性运动的记录合集中有部巨著——《日本妇女问题资料集成》（1976—1981年），共有十卷。此书的著写是一项雄心勃勃的工程，因为编者们试图留下日本从明治时期到20世纪80年代的女性运动记录。该书的第二卷"政治"，由女性运动家市川房枝[1]编撰，然而其中并未收录任何有关女性解放运动的资料。

第二卷中有收录1975年"世界妇女大会日本会议"的记录，因此市川不可能不知道此前发生的事情（女性解放运动）。同时她也一定知道，

1　自战前日本妇女参政权运动开始，市川便一直担任领导者。战后获得女性参政权后，自1953年起，她总共担任了五届参议院议员，并因不花费金钱的公开竞选运动而闻名。

这场为反对《优生保护法》的修正案而进行的斗争，是一场以胜利告终的"政治"行动。但在市川眼中，这种不遵循议会民主的方式而直接采取行动的"政治"、质疑怀孕和堕胎等女性行为的"政治"，是不符合她的政治理念的。女性解放运动记录的缺失，是为年轻女性的疯狂行为而苦恼的市川故意无视的结果。

如果之后的研究者试图根据Domesu出版社的《日本妇女问题资料集成》来描绘战后日本女性运动的历史，那么或许女性解放运动会被当作从未发生过一样。社会评论家丸冈秀子（1903—1990）编写了该书的第九卷"思潮（下）"（战后版），其中引用了田中美津的文章——《渴望被理解的那颗乞求的心》。可见在丸冈看来，女性解放运动是值得记录的"女性思想"。

如果丸冈知道《从厕所中解放》这张传单，会将其收录进去吗？

《日本女性解放运动史资料》全三卷的编辑为沟口明代、佐伯洋子、三木草子，而出版该著作的是日本首家"女性书店"——松香堂的店长中西丰子[1]。她们坚信田中美津的这张传单定是值得记录的宝贵资料，因此每次搬家时，都带着一个装有重要资料的褪色纸箱，而田中的这张传单就放在纸箱中。是这几位女性让《从厕所中解放》流传了下来，让我们记住她们的名字。

编辑之一的三木草子在资料集的"序言"中这样写道：

> 这是一个装满了女性向女性发出的呼唤的纸箱。它历经多次辗转，却一直占据着壁橱的一角。即使它已经泛黄，已经变得破旧不堪，我还是无法将它舍弃，因为它就是我。女性解放运动者们的声音也是我自己的呐喊。仅是出于这一原因，纸箱中收集的"资料"便得

---

1 中西丰子的回忆录《女性书店的故事》（2006年）对其经过进行了详细描述。

以保存了20年之久。

（三木，《日本女性解放运动史资料（一）》，1992：3）

女性解放运动距今已有40余年。每当有年轻记者问我"日本女性的地位是否有所提高？"时，我便会陷入沉思。女性是否有所改变呢？既可以说有变化，也可以说没有改变。或许女性的变化是事实，但究竟是朝向积极的方向还是消极的方向进行，我无法断言。

我所知道的是，"女性的问题"并没有消失，它以不同于以往的面貌呈现出来。今天的女性不可能以40年前的方式进行斗争，那样做也毫无意义。但我希望，至少她们能够记住女性解放运动者们当年的激情和苦痛。因为，这些值得在历史上留下浓墨重彩的一笔。

参考文献

市川房枝他编，1976-1981，『日本婦人問題資料集成』全10卷，ドメス出版

井上輝子他编，1994，『日本のフェミニズム1　リブとフェミニズム』，岩波書店

上野千鶴子，1998，『ナショナリズムとジェンダー』，青土社、新版2012　岩波現代文庫

田中美津，2001，『いのちの女たちへ――とり乱しウーマン・リブ論』，パンドラ発行・現代書館発売

中西豊子，2006，『女の本屋の物語』，ウィメンズブックストアゆう

溝口明代、佐伯洋子、三木草子编，1992，『資料　日本ウーマ

ン・リブ史Ｉ』（1969～1972），松香堂書店

　　溝口明代、佐伯洋子、三木草子編，1994，『資料　日本ウーマ

ン・リブ史Ⅱ』（1972～1975），松香堂書店

　　溝口明代、佐伯洋子、三木草子編，1995，『資料　日本ウーマ

ン・リブ史Ⅲ』（1975～1982），松香堂書店

　　リブ新宿センター資料保存会編，2008，『リブ新宿センター資料集

成』，インパクト出版会

　　Millet, Kate, 1970, *Sexual Politics*, New York: Doubleday= 1974，藤枝澪

子他訳，『性の政治学』，自由国民社、改訂版1985，ドメス出版

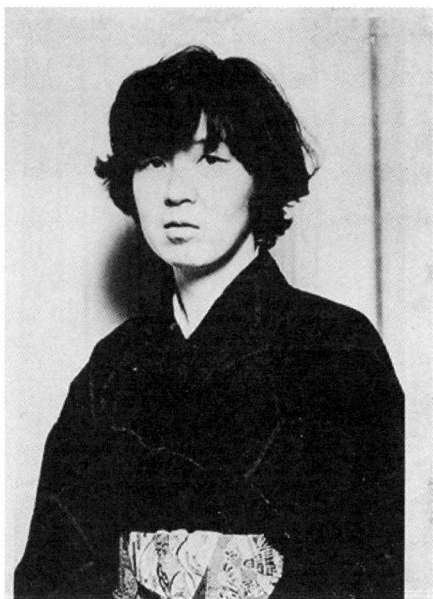

富岡多惠子

第四章 单独个体的虚无主义：
富冈多惠子《藤衣麻衾》

要有这样的心理准备：无论生不生孩子，最终都会重新成为单独的个体

从激进语言升华到"单独个体的思想"，是女性为生存而书写的思想指南

◎ 富冈多惠子

  1935年生于大阪，著名诗人、小说家、评论家。富冈对大阪的上方艺能[1]造诣极深，以古典文学评论为中心，她写过关于诗人、歌人、俳人的评传，还亲自创作戏剧、电影剧本等。因多才多艺，文采出众，获得了艺术奖、文学奖等众多奖项。富冈亦是艺术院的会员。她的主要著作有《湖之南》（新潮社）、《隐者环绕》（岩波书店）、《卜书集》（Pneuma舍），全集有《富冈多惠子集》（筑摩书房），该书共十卷。

  《藤衣麻衾》于1984年由中央公论社出版发行。

1　指以大阪、京都为中心的传统艺能。——译者注

女性解放运动的助跑者

想要论述富冈多惠子着实不易。

她一开始做诗人，后来写小说、情景剧、散文等，通晓经典文学和大众娱乐，并为从喜剧演员到诗人的各个领域的从业者撰写点评。从这位文笔多彩且著作等身的作家的作品中，我很难只挑选出"某本著作"来进行点评。所幸，我的这本书并不是关于女性先驱的评传，而只是一个小小的读书企划，即重新阅读某位作者的"某本著作"。如此一想，我松了口气。但同时，想到自己之前曾有试图点评富冈多惠子的"轻率"想法，不免有些汗颜。

我所选取的富冈的"这一本"著作，是她的《藤衣麻衾》。《藤衣麻衾》是由原本在《妇女公论》上连载的散文汇集而成的，对富冈本人来说，恐怕只是一部称不上代表作的小作。而且，或许有人会认为，要评论一个小说家，理所当然应选取其小说而不是散文来谈。

而我之所以选择《藤衣麻衾》这本散文集，主要有如下三点理由。

其一，我曾在烦恼重重的30多岁时读过这本书，深受感动。因此，当时我就认为，这本书很适合过一段时间"重读"。

其二，在富冈的诸多作品中，这本散文集相对直接地讨论了她所处时代的女性问题，包括当时的女性解放运动。此外，她还写过一本题为《我的女性革命》的书，书名很是直白。不过该书出版于1972年，当时女性解放运动和女性主义尚未成熟，因此世人难免对女性革命存在一些揶揄和偏见。

其三，《藤衣麻衾》这本散文集和本书第一章论述的森崎和江的著作，被一同收录在我参与编辑的《日本的女性主义》（1993—1994年）文集中。作为两部《日本的女性主义》文集（旧版和新编）的编者之一，我之所以极力主张收录这些我偏爱的作品，是因为我坚信，这些作品颇具价值，值得被一代代传阅下去。

在近20年前出版的《日本的女性主义（一）：女性解放运动与女性主义》（1994年）中，我将富冈和森崎一起称为"女性解放运动的助跑者"。

　　在女性解放运动中，有这样一群人，她们比运动的"主心骨"稍许年长一些。虽然她们没有直接参与运动，但她们的影响巨大，所以可以称之为运动的"助跑者"。当时，这些年长的女性已经活跃在评论界，她们的工作，给予那些为了努力寻找"独立思想"而挣扎苦斗的女性以重大启示。

　　（中略）在现实中，当女性试图表达自己时，只能使用为男性量身定做的语句，因此，女性解放运动的实践者们试图寻求"属于自己的话语"，她们不停地阅读"助跑者"们的著作，就像抓住了救命稻草一般。

　　（上野，《日本的女性主义（一）：女性解放运动与女性主义》[1]，1994：170）

面对女性解放运动的出现，之前已然在媒体上占据一席之地的年长女性们，大体分成了两派。一派与女性解放运动保持距离，并表示厌恶或反感；而另一派则对女性解放运动表示认同，认为那便是自己毕生追求的东西，进而给予支持。森崎和富冈属于后者。富冈所著的《我的女性革命》，正如字面所述，是她"一个人的女性解放运动宣言"。

像我这个年纪的后一辈人称她为女性解放运动的"助跑者"，并非无

1　收录于上野千鹤子《女性解放运动的思想宝藏扉页解说》《新编日本的女性主义（一）：女性解放运动与女性主义》（2009年）第180页。

的放矢。她本人也在《藤衣麻衾》的序言中，表明自己曾受到女性解放运动的影响。她说：

> 如果"女性解放运动"如流感一样转瞬即逝，那么在过去的十几年里，不可能连像我这样的人都深受"女性解放运动"和"女性主义"的刺激。思考自身就是在思考女性，思考女性就是在思考人类，乃至人类的历史。"女性解放运动"和"女性主义"的观念（中略）激发我们的思考，为我们打开新的思路。我很幸运，因为我是一个女人，所以可以对她们的新想法和新动向做出比男人更加敏锐的反应。
>
> （富冈，1984：18）

仅仅是摘抄这些语句，就又一次让我深切体会到：富冈的写作风格对我的影响如此之深。

单独个体的虚无主义

在《日本的女性主义（一）：女性解放运动与女性主义》的"女性解放运动的思想脉络"一章中，我把森崎和江的《第三性》和富冈的《藤衣麻衾》并列放在一起，并在该书的"解说"部分说明了原因。现摘录如下：

> 我想要指出的是，富冈并没有如森崎一般的"生产的思想"。森崎批评男性"一代完结主义"思想的贫瘠，与之相对，富冈却不加掩饰地揭露了女性的动物性这一实情："除了生孩子，女性无事可做。"（富冈，1984）森崎在不可能作为单独个体存在的女性身上发现了价值，而富冈则表达出作为人类的觉悟——无论女性是否生育，

最终都只能回归单独个体的状态。

（上野，1994[1]：20）

时隔多年重读自己写的文章，我发现自己当时的直觉并没有错，内心十分震动。20年前，40多岁的我还写下了以下文字：

> 在这个章节中，我围绕"生产的思想"，列举了两位有对照意义的思想家，她们一位提出了"超越个体的思想"，另一位则提出了"回归单独个体的思想"。这些关乎人类生存的充满希望或绝望的话语，虽然都是"女性发明的思想"，但也是男性不得不面对的现实。

（上野，1994[2]：170）

我曾称富冈为战后日本最典型的女性虚无主义者。可见，虚无主义并非男性的特权。与自恋（自我陶醉）一词无缘的女性，实属罕见。富冈的文章虽然含着三分羞怯，却毫无自我陶醉之意。[3]

女人拥有"生育的天性"，并一直以能做"男人做不到的事"（生孩子）为荣。但是，生育的天性并不总能带来希望。对波伏娃来说，生育的天性是"雌性动物的屈辱"，母性是来自自然的诅咒。因此，波伏娃和富冈都主动选择放弃生育。自从避孕和堕胎使"性"和"生产"的分离成为可能，怀孕不再成为女人的宿命之后，历史有了新的发展。之后，波伏娃在法国呼吁"堕胎合法化"时，还公开了自己的堕胎经历，而富冈也一定是在很长一段时间选择了将"性"与"生产"分离。这世上不仅有"生育

1　收录于上野千鹤子的《解说日本的女性解放运动——思想与背景》《新编日本的女性主义（一）：女性解放运动与女性主义》（2009年）第19页。

2　收录于上野千鹤子的《女性解放运动的思想宝藏扉页解说》《新编日本的女性主义（一）：女性解放运动与女性主义》（2009年）第180页。

3　此处，上野千鹤子将"虚无主义"（有否定自身的倾向）与"自我陶醉"对立起来。——译者注

的观念"，还有"拒绝生育的观念"。

我之所以将富冈的《藤衣麻衾》的"从母亲的身份中解放"这一章节，收录进《日本的女性主义（一）：女性解放运动与女性主义》文集中，是因为该章节里有这样一句话：

> 女孩长大成为女人后，因为"没有其他事可做"，所以选择了生孩子……

（富冈，1984：96）

读到这一行时，我大受震撼。虽说社会学家是赤裸裸的现实主义者，但富冈这位虚无主义者却更为坦荡露骨。所谓"露骨"，指的是她说出了那些令人胆寒的终极真理。

富冈在关西[1]长大，她的字里行间不仅有关西文化赋予她的过度现实主义，或许还有她沉浸于诗人这种世上最无用的身份之中时感到的自满与腼腆。在日本社会中，特别是在宣扬"只有生了孩子，女人才能独当一面"的这种赞颂母性的社会语境中，"不生孩子的女性"是不能宣之于口的禁语，但她却满不在乎地谈论。

在20世纪50年代发生第一次"主妇论争"[2]之际，民族学家梅棹忠夫（1920—2010）于1959年在《妇人公论》的6月刊上发表了《妻子无用论》。他的文章受到了读者的猛烈抨击，读者们强调："即使不需要女性成为妻子，女性还有母职这一重要工作。"为了回应读者的批评，梅棹又

1　日本的关西地区又称为近畿地区，一般指由本州岛的6个府县（京都府、大阪府、滋贺县、兵库县、奈良县、和歌山县）构成的区域。——译者注

2　日本社会从1955年起有过三次"主妇论争"，第二波女性主义与家庭主妇问题紧密相关。——译者注

写了《名为"母亲"的王牌》一文，发表于同年9月的《妇人公论》[1]。文中，梅棹以一种失望的口吻，感叹那些打着"母亲之名"旗号的妻子们，将自己"埋葬在母亲的位置上"，以至于"失去了自己的人生"。他发问："我们究竟怎样做才能把活生生的女性，从母亲之名的围城中拯救出来呢？"

第一次"主妇论争"的20年后，富冈在《藤衣麻衾》中也提出了"主妇解体论"。据说是在读了我编写的《阅读主妇论争（一）全记录》（1982年）之后。我收录的她的"从母亲的身份中解放"这一章节，以这句话作为结尾：

> 人们终于明白，母亲从"育儿"职责中解放出来，其实也意味着孩子从"母亲"的束缚中解放出来。
>
> （富冈，1984：106）

梅棹的时代与富冈的时代仅相隔了20年，富冈连载在《妇女公论》上的文章却似乎没有引发读者的批评。也许是时隔20年，日本女性的思想发生了变化，她们可以接受"主妇解体论"和"女性应从母亲的身份中解放出来"的理念了。

在富冈时代之后的30年间，日本女性是否以不婚化、少子化的形式实现了"主妇解体"和"从母亲的身份中解放出来"了呢？而且，仅仅摆脱主妇和母亲的身份，并不能算是真正的"解放"。事实上，时至今日，那些已然成为主妇或母亲的女性，她们的生存状况与20世纪50年代时相比，并没有发生显著的变化。

1　梅棹忠夫在《妇女公论》杂志上发表的《妻子无用论》和《名为"母亲"的王牌》两篇论文都收录在上野千鹤子编著的《阅读主妇论战（一）全记录》（劲草书房，1982年）中。

女性是和平主义者吗？

在《藤衣麻衾》中，不乏对当时某些女性主义思想的尖锐批判，从下文中可窥见一斑。

一些女性似乎有这样一种朦胧的认知，即参加战争、引发战争的是男性，而不参与战争的女性是爱好和平的，所以只有女性才能维护和平。还有些人则毫不含糊地明确表示，女性是和平主义者，并由此得出只有女性才能维护和平的结论，她们因持有相同的观点而集结起来。

（中略）如若女性的与世无争、不喜争斗的特征一旦被否定，本质和平主义论者可能会很头痛。然而事实上，女性自身十分清楚，女人并非不争强好胜。

（中略）这类本质和平主义的女性们，在面对其他女性时坚持认为，只要你是女性，哪怕什么都不做也顺理成章地拥有"和平"的立场；只要是女人，就理应团结一致。这种观点显然可能会导致一种风险，即"女性全体主义"的出现。

（富冈，1984：56-62）

后来随着后结构主义性别理论的登场，富冈所说的"女性全体主义"，被美国的朱迪斯·巴特勒[1]和印度的佳亚特里·斯皮瓦克[2]等称为

1　朱迪思·巴特勒（Judith P. Butler 1956—）是美国后结构主义者，也是宣称自己是同性恋者的女性主义者。《性别麻烦：女性主义与身份的颠覆》（1990年）是一本关于女性主义思想的重要理论著作，它从根本上重新审视了男女的区分根植于身体自然的前提，决定了性别/性研究的方向。参见本书第二部分。

2　佳亚特里·斯皮瓦克（Gayatri C. Spivak，1942—）是出生于印度的"后殖民主义"女性主义者。哥伦比亚大学英国文学研究者。其著作《底层人能发声吗？》（1988年），深入倾听了历史上一直被迫沉默的、印度种姓阶级社会中的女性的"底层人民的心声"。这本书不仅对人们在底层心声被"代言"的过程中产生的新的身份认同造成影响，还对由此生成的新压迫结构敲响警钟，进而对后殖民主义的开展带来了重大影响。参见本书第二部分。

"原教旨女权主义"，而认为女性皆为和平爱好者的"本质和平主义"则被称为"性别本质主义"。富冈用自己的语言和理论，预见了这一学说的诞生。

> 本质和平主义认为，只要是女性就是和平爱好者，所以如果女性从性别歧视中获得真正解放，则意味着本质主义的瓦解。要消除性别歧视，就一定要揭露隐藏在性别歧视之下的种种问题。性别歧视虽然压制了女性，却也悖反地遮蔽了本质和平主义者的弱点。（中略）为了消除性别歧视，我们必须抱有揭露一切的决心。
>
> （富冈，1984：62）

20世纪80年代以后，女性主义和性别研究领域也对这一悖论开展了研究。研究认为，女性并非总是被历史玩弄于股掌之中的受害者，她们同时也是战争的帮凶及父权制的共犯。而"母性"这一特征，在不同的历史语境里，时而被用以鼓动战争，时而被用来歌颂和平[1]。

> 所谓"女性很现实"这种说法是无稽之谈。大多女性都没有从"女人"的自我陶醉中清醒过来。法西斯主义者是狂热的。女性沉醉于自身是和平主义者而产生的狂热之情，正因为是不清醒的狂热，所以会直接反转为对战争的狂热。
>
> （富冈，1984：72）

富冈的这一观点，在后来对女性参战的性别史研究中，得到了证实。即便如此，不知与富冈同时代的读者们，是否每次都会认真倾听富冈

1　在女性史研究中，从被害者史观向加害者、共犯者史观的转变发生在20世纪80年代。关于反省史研究的动向，可参见上野千鹤子的《国家主义与社会性别》（青土社，1998年；新版，岩波现代文库，2012年）。

在《妇女公论》上振聋发聩的发声，并心生共鸣呢？我很想去问问当时的编辑，读者的反响如何。

"非自然"的性行为

富冈与其他女性论者的不同之处在于，她将"性"与"生殖"分离开来，并使"性"去自然化。在《藤衣麻衾》中，她宣称："有必要将性从生殖中剥离出来认真思考一下。"（富冈，1984：21）一辈子只生了两个孩子的夫妇，并不意味着一生只有两次性生活。在要孩子之前与生孩子之后，他们会长期采取避孕措施，即使怀孕了有时候也可以选择堕胎。文明社会的人类，造就了与生育无关的"非自然"的性行为。

富冈的这本书写于20世纪80年代，回顾历史，当时是"女性原理论"和"性别本质主义论"泛滥的保守年代。歧视女性的男性追捧"女性原理"，而受到歧视的女性则坚持"性别本质主义"，从这一点看，二者相辅相成。"女性原理"派与工业社会的男性理论对抗，因而女性自然而然被划分为反文明的一派。

富冈对此表示强烈反对。

> 他们（男性：引用者注）所认为的女人的"天性/自然"，其本质不就是被破坏之后人工建构出来的产物吗？女人的不可理解，女性的不可思议，女人如大地、海洋般的无限温柔，还有虚构出的女性的温顺、贞节等等，这些被视作女性的"天性/自然"的特质都是人为建构出来的。（中略）因此，女性主义应该是一种反自然主义，反对这种被建构的"自然"。也就是说，女性应该在超越反自然主义之后，和男性一起重新思考人类的"天性/自然"。但是，至今仍有很

多乐天主义者认为女性的"自然"没有被破坏。男人们和女人们都没有注意到，早在高山、大海、森林遭到破坏之前，女性原始的"自然"就已经被粗暴地破坏了。

（富冈，1984：201－202）

富冈用她的作品表达了这种思想。同一时期，富冈还写了一部名为《波涌大地》（1983年）的小说。故事发生在东京近郊的一片山丘，开发商为开辟住宅用地正在用推土机推平山丘。虽然出场人物中也有一位居住在郊外住宅区、热衷于生协[1]活动的女性，但主人公"共子小姐"是一个拒绝参加生协活动、对生态环保漠不关心的单身女性。所谓生态，就是人造"自然"的代名词，而这种人造的"自然"，是在破坏环境之后重新打造出来的。

男性破坏了世界，居然要让女性来收拾残局吗？我自己也同样反对"女性原理"派。为批判打着生态女性主义旗号的人，我写了一本题为《女性能拯救世界吗？》（1986年）的书。我写这本书的目的，就是告诉他们"女人无法拯救被男人破坏的世界"。因为我认为，"男人破坏世界，女人拯救世界"的这种想法，不仅不是"乐天主义"，反而是公然的性别歧视和本末倒置的男权主义。

在采取避孕措施的情况下进行的性行为，不可能是符合"自然"的。不仅如此，人们还可以考虑把"性"从"爱"中分离出来。富冈处于生理需求旺盛的年纪时，正是女性解放运动和女性主义勃发的20世纪60年代到80年代，也就是"性革命"的时代。换句话说，富冈适逢爱情、性、生殖在婚姻中三位一体的浪漫主义意识形态解体的时代。

1　"生协"是"消费生活协同组合"的略语。在日本指消费者共同提供资金，以购买生活物资为主要目的而组织起来的合作社。——译者注

"女人一般都会说，没有爱情就无法发生性关系"（富冈，1984：19），富冈压抑着唾骂这种虚伪说法的冲动，在书中写道：如果没有爱就没有性，那就不可能出现性产业。性工作者早已将爱与性分离。如果男人可以将爱与性分离，那么女人也可以，她们只是被灌输了"没有爱就不能有性"的思想而已。

富冈多惠子大概是在践行性革命实验的日本女作家中，最为激进（在文字上）的一位。她于1980年出版的小说《刍狗》，堪称女性虚无主义小说的终极典范。书中剥去了性的一切粉饰，描写了"作为动物而生的希望"（富冈，1980：74）。此后，虽然女性作家们不再回避性描写，但性爱浪漫主义却丝毫没有瓦解的迹象。1985年，在山田咏美以《做爱时的眼神》这一极具冲击性的作品出道时，引起了性爱浪漫主义的变奏，她告诉世人"有些爱始于性"。而以过激的性描写闻名的村山由佳，将女主人公的身份和追求寄托在"性"上，从这一点上来看，其作品也属于性爱浪漫主义的范畴。

正如水田宗子在《逃向女人与逃离女人》[收录于《叙事和反叙事的风景：文学与女性的想象力》（1993年）]一文中所论述的那样，日本的女作家并没有在男性身上寻求出路或救赎，关于这一点，我将在下一章详细论述。性行为既不是自我探求，也不是自我救赎，既不能反抗约束，也不能逃脱束缚，甚至连从规则中解放都不能做到，在这种情况下，《刍狗》的女主人公很"好奇"，"仅凭一个陌生人身体的一部分进入自己体内这一事实，是否能构成肉体的'关系'？"（富冈，1980：46），便邀请年轻男人与她做爱。作者将这一行为称作"作为动物而生的希望"。她说，"像动物一样活着，就是舍弃肉体的'关系'及人类的语言"。（富冈，1980：74）。

如今回想起来，这与"在社会性别（gender）的装置之外，是否还存在性？"这一问题异曲同工。20世纪80年代，富冈出版了一系列实验性小说，我如饥似渴地一一拜读了。我当时评述富冈作品的随笔，以"'外部'的性"[1]为题，那种直觉无疑是准确的。

对森崎来说，性爱与"一对男女的斗争"紧密关联，而对富冈而言，性是"单独个体"的希望。所以，对于日本女性来说，她们关于性的思考，既可以汲取森崎的观点，也可以吸收富冈的看法，抑或是在她们两人之间游走，这是件值得骄傲的事情。

激进的评论家

以诗人身份出道的富冈，在发表《告别诗歌》后转向散文写作，之后不久也不再写小说，而将写作重心转到了评传上。她既评论井原西鹤和近松门左卫门这样的历史人物[2]，也评论秋田实[3]这样的漫才[4]作家。富冈曾凭借《中勘助之恋》（1993年）获得第四十五届读卖文学奖，她的《释迢空笔记》（2000年）获得第五十五届每日出版文化奖，《井原西鹤的感情》（2004年）则获得了第三十二届大佛次郎文学奖。虽然她在文坛的知名度越来越高，但作为她的读者，我却觉得有些遗憾。理由如下：

第一，读不到她写的小说了。第二，我感到她在逐渐脱离"女性"。并且我认为，正是因为她远离了"女性"（因此对男性评论者来说变得可以理解），她在文学界的声誉才随之鹊起，这一点更令我倍感遗憾。

1　《"外部"的性》收录于上野千鹤子的《女性之乐》（劲草书房，1986年）。
2　富冈多惠子《近松净琉璃私见》（筑摩书房，1979年）。
3　富冈多惠子《漫才作者秋田实》（筑摩书房，1986年）。
4　漫才是日本的一种站台喜剧形式，类似中国的对口相声。通常由两人组合演出，一人负责担任较严肃的找碴角色（吐槽），另一人则负责较滑稽的装傻角色（耍笨），两人以极快的速度互相讲述笑话。大部分的笑话主题围绕彼此间的误会、双关语和谐音字。——译者注比起诗来说，小说和评论是一种迂回的自我表现方式。特别是评传，是借他人之口讲述自己的思想，是一种令人焦躁不堪、如鲠在喉的表达方式。我一直觉得很奇怪，为什么一个善于"讲述"的才女，要采取这种迂回的方式来表达自己的思想呢？

但我记得，在我阅读《中勘助之恋》时，还是强烈地感受到了活生生的富冈的口吻。在岩波文库的读者问卷调查中，《银匙》（1926年）这部著作的人气投票至今仍高居榜首。富冈曾评述过《银匙》的作者中勘助，在谈及中勘助对友人和辻哲郎的年幼女儿的爱慕、迷恋时，她这样写道：

> 稳固的父权制社会按照"女儿""儿媳""母亲""妻子""妾室"等角色来划分"女人"，不给未分类的"女性"以社会生存空间。相反，在这样的社会中，"男人"在生活中可以不与"女人"的角色对应，可以根据时间和场合，在母亲的"儿子"、家庭的"家长"、妾及其他仆从的"雇主"、娼妓的"恩客"等角色中任意切换。即使一个男人偶然爱上一个"女童"，在"女童"成为"女人"之前，按照角色划分，"女童"也不能归类于"女人"，因而被排除在"女儿"、"妻子"和"母亲"这样的社会性别角色之外。因此，人们认识不到有人会对女童有夹杂着性冲动的喜欢。哲学家和辻哲郎之所以对中勘助接连写给自己年幼长女的情书无动于衷，也是因为他生活在一个"对性反常行为有极高包容度"的父权社会里。
>
> （富冈，1993：312）

中勘助对女童的迷恋与恋童癖极为接近。

富冈的评述还触及了喜欢中勘助作品的读者。她将中勘助的作品总结为是"将与他者（女性）的性关系边缘化的、自恋闭环的完结"（富冈，1993：371）。因而最终他者从未登场，绝对不会破裂的"自恋帝国"，才是父权统治下的男人们的领土。而为《银匙》这部作品颁发文学奖的男性评委们，你们在这本书中看到了自己难堪的自画像了吗？

在《释迢空笔记》中，富冈直指诗人的性取向。1944年，57岁的释迢空[1]送别27岁的养子藤井春洋出征硫磺岛，之后他写下了一些短歌。富冈在文中摘取了如下几句。

> 无论他人议，君只若婴孩，我心痴恋君。
>
> （折口，2010：220）
>
> 已作士官生，自此从军行，曳腿不肯离，涕泪如雨下。
>
> （折口，2010：220）
>
> 征战君已逝，胸中无限悲，遥感国将亡。
>
> （折口，2010：248）

在这种即使被称为"非国民"[2]也在所不惜的悲痛欲绝的哀叹中，如果把"养子"换成"恋人"，就会看到一种露骨的痴态。

> 尽管迢空在他的短歌和小说中，公开表示自己是同性恋者，但他的读者、崇拜者，甚至是研究他的文学研究者往往选择对此视而不见、置之不理。在一个建立于"厌女症"基础上的父权制社会中，男性之间存在着强大的凝聚力和强有力的连带感。但他们极度害怕这种关系被误解为同性恋者之间的关系。他们厌恶、谴责同性恋，同时极力否认同性恋的存在——表现为装聋作哑。
>
> （富冈，2000：340-341）

---

1 释迢空即折口信夫（1887—1953），日本著名民俗学家、国文学家。
2 指作为违反国民义务、不恪守本分的人，或者国民观念淡薄的人。尤其用以责备那些在第二次世界大战中不积极参军、对日本国策持消极态度的人。——译者注

富冈的《释迢空笔记》一书也获得了著名文学奖，但我想知道，如若
没有这样一位女性（告诉他们），男性读者和评论家是否会意识到自己的
"恐同症"。由此可见，在任何时期，富冈都是一位勇于打破禁忌的激进
作家。

人生就是消磨时光

大约时隔30年后，我重读了《藤衣麻衾》一书，年龄的增长给我带来
了新的感悟。

富冈在49岁时写下《藤衣麻衾》，书中关于人的晚年有如下阐述。

"晚年生存价值"论大抵就是"晚年消磨时光"论，主旨是探索
如何消磨人生到达终点之前的时光。但我们通常却称之为"（实现）
生存价值"而不说是"消磨时光"，这种说法反而更让人心累。而
且，它还会给人一种紧迫感，让人觉得必须去做一些事以便感受到活
着的意义。（中略）

"生存价值"这个词，给活着这件事赋予了一定的功利主义色
彩，至少意味着生存的效率性。也就是希望人们觉得活得有意义，希
望人们去做让自己觉得活着有价值的事情。（中略）

一个人即便年事已高，仍然必须做有"生存价值"的事，光是想
到这一点，就令人感到疲惫。老年人为什么不可以"什么都不做"，
就只发发呆呢？为什么人老了之后没有变糊涂的权利呢？这并不是老
人本身的问题，而是周围的人对老人的要求问题。

（富冈，1984：165-166）

需要打发时间、消磨时光的，不仅仅是"晚年"。人从出生以

来，不就一直在"消磨时光"吗？人类之所以喜欢忙碌的生活，也是因为忙碌能让人忘记时间的流逝。

（中略）做学问和搞艺术都是用来"消磨时光"的工作。而育儿，是比学问、艺术更好的"消遣"。育儿是女人拥有的最好的"消磨时光"的方式。

（富冈：1984：167-168）

同时，富冈的书中还暗含着对美国女性解放运动的隐晦批判。

美国的女性解放运动中，隐藏着"生存价值"式的效率主义思想。（中略）她们的运动，未能完全清除这种在男性支配的社会中大行其道的效率主义。

（富冈，1984：169）

这里提到的"美国女性解放运动"，是指源于西欧的自由主义女性主义运动。

因此，富冈建议"尽可能做无用之事"（富冈，1984：168）。她选择吟诗这种最无用之事的根本原因，也就不言而喻了。而我则选择了另一种无用之事——通过做学问来打发时间。富冈的"无用论"令我暗自欢喜。没错，我所期待的，也正是"无用的人生"。

不曾生育的女性，却也拥有选择"独身一人"的自矜。

参考文献

井上辉子他编，1993-1994，『日本のフェミニズム』全七卷别册一，岩波书店

井上輝子他編，1994，『日本のフェミニズムI　リブとフェミニズム』，岩波書店

上野千鶴子，1986，『女は世界を救えるか』，勁草書房

梅棹忠夫，1988，『女と文明』，中公叢書

折口信夫，2010，『釈迢空歌集』，岩波文庫

富岡多惠子，1972，『わたしのオンナ革命』，大和書房

富岡多惠子，1980，『芻狗』，講談社

富岡多惠子，1983，『波うつ土地』，講談社

富岡多惠子，1984，『藤の衣に麻の衾』，中央公論社

富岡多惠子，1993，『中勘助の恋』，創元社

富岡多惠子，2000，『釋迢空ノート』，岩波書店、新版2006　岩波現代文庫

富岡多惠子，2004，『西鶴の感情』，講談社

中勘助，1926，『銀の匙』，岩波書店

水田宗子，1993，『物語と反物語の風景』，田畑書店

森崎和江，1965，『第三の性――はるかなるエロス』，三一書房、1992河出文庫

山田詠美，1985，『ベッドタイムアイズ』，河出書房新社

水田宗子

第五章　用女性主义批评的方法解读日本近代男性文学：
水田宗子《叙事和反叙事的风景：文学与女性的想象力》

　　"男性话语"和"女性话语"之谜

　　揭露隐藏在日本近代文学中的性别不对称性

　　是女性主义批评的金字塔顶端之作

◎　水田宗子

　　1937年出生于东京，毕业于东京女子大学，曾任斯克利普斯学院和南加州大学英语文学系和比较文学系副教授、城西国际大学人文系教授、城西大学校长、城西国际大学校长，现任城西大学理事长。她的主要研究方向为英美文学和比较文学。著作包括《女性主义的彼岸》（讲谈社）、《与女性学的邂逅》（集英社新书），以及《现代主义与"战后女性诗"的开展》（思潮社）等。

　　《叙事和反叙事的风景：文学与女性的想象力》一书于1993年由田畑书店出版发行。

从美国文学出发

在女性主义批评尚未出现的年代，水田宗子的观点如此鲜明而强烈。

水田于20世纪60年代留学美国，她是早期富布赖特项目[1]的留学生，当时出国最多只能随身携带200美元外币。短短两个月内，水田就花光了生活费。靠着奖学金，她在著名的耶鲁大学获得了美国文学学位。之后，她与同校的一名美国男子结婚，并在美国定居，成为南加州大学比较文学系的副教授。她回到日本后，成为城西大学的校长和理事长，这所大学是由她的父亲水田三喜男（前自民党政府财政部部长）创建的。而她本人参与创建的城西国际大学，率先在日本的研究生教育中开设了女性学课程及设置了女性学研究方向。

这个小个子女人有着令人艳羡的经历，而且作为一名管理者来说十分精明能干。她早期译介了美国女诗人西尔维娅·普拉斯（Sylvia Plath）[2]的诗歌，还研究埃德加·爱伦·坡（Edgar Allan Poe，1809—1849）的哥特式文学[3]。在"女性的语言"终于崭露头角之际，普拉斯用诗歌表达了女性生活的艰辛，并最终把头伸进煤气炉里自杀身亡。她认为，作为一个女人，就是游走在疯狂的边缘。反言之，如果你没有失去理智，那么作为一个女人，很难在这个世界上生存下去。

---

1 美国在1946年建立了富布赖特项目，以发起人美国参议员富布莱特命名。该项目旨在促进国际在教育、文化和科学等领域的交流，是世界规模最大国际交流计划之一。——译者注

2 西尔维娅·普拉斯（Sylvia Plath，1932—1963）是美国女诗人、作家。她一生都被疾病所困，在年纪轻轻的30岁时自杀。她于1982年获得普利策奖，这是她去世后的第19个年头。西尔维娅·普拉斯的诗集自20世纪60年代起被大量出版。水田关于她的译著有《镜中的错乱 西尔维娅·普拉斯诗歌选集+西尔维娅·普拉斯诗集——苦难的女诗人》（静地社，1981年）。

3 哥特式文学起源于18世纪后期的英国，兴盛于维多利亚时代，大部分都被列入恐怖文学及魔幻小说的行列。——译者注

伊莱恩·肖沃尔特（Elaine Showalter）[1]为世间带来了女性主义批评（feminist criticism），她指出，女性主义批评有两个流派。一种是狭义的女性主义批评（feminist critique），它试图从女性的角度重新解读主流男性文学。另一种也可以说是女性批评（gynocriticism），它试图重新评价被遗忘或被刻意贬低的女性文学。凯特·米利特（Kate Millett，1934—2017）的《性政治》（1970年）是第二波女性主义浪潮（1960—1970）时期的经典之作，它试图重新解读诺曼·梅勒（Norman Mailer，1923—2007）和亨利·米勒（Henry Miller，1891—1980）等男性文学作品中存在的男性的优越性及女性的从属地位，因此属于前一流派。而水田宗子属于后一流派，她专注于研究一位英年早逝的不知名女诗人——西尔维娅·普拉斯的诗歌。[2]

当时在英美文学研究界，多丽丝·梅·莱辛（Doris May Lessing）[3]和弗吉尼亚·伍尔夫（Virginia Woolf）[4]等女作家备受关注。不过，在那个年代，学者一旦选择研究女作家，就会面临被边缘化的风险。

普拉斯毕业于著名的女子大学史密斯学院，这也是后来在美国被称为"现代女权运动之母"的贝蒂·弗里丹[5]的母校。之后普拉斯结婚，成为两个孩子的母亲，与里丹一样，她也苦于"无名的问题"（unnamed prob-

---

1　伊莱恩·肖沃尔特（Elaine Showalter，1941—）是美国代表性的女性主义批评家。她写的《病了的女性》（1985年）一书，批判了英国文化中充斥着的女性的弊病与疯狂。

2　20世纪70年代，女性主义批评进入兴盛期，普拉斯和女性文学因而被重新评价。

3　多丽丝·梅·莱辛（Doris May Lessing，1919—）是一位英国作家。由于她丰富的文学创作，如创作了《野草在歌唱》（1950年）和《金色笔记——自由的女性》（1962年）等，她于2007年获得诺贝尔文学奖。

4　弗吉尼亚·伍尔夫（Virginia Woolf，1882—1941）是一位英国作家，在20世纪的现代主义文学中具有很高的地位。著有小说《达洛维夫人》（1925年）等。

5　贝蒂·弗里丹（Betty Friedan，1921—2006），是美国女性解放运动的领导人。1966年，她创建了美国最大的妇女组织NOW（National Organization for Women），并担任该组织的主席直至1970年。她撰写的《女性的奥秘》（1963年）被认为是现代女性必读的名著，成为国际畅销图书。

lem，中产阶级的家庭主妇无法言说的烦恼）。当时，中产阶级女孩除了结婚没有其他选择，在恋爱结婚的意识形态影响下，她们自愿步入婚姻殿堂，却发现婚姻生活就像一个无法逃脱的令人窒息的牢笼。于是，弗里丹去看了精神分析师，想知道自己是否出了什么问题，因为她丝毫感觉不到幸福。而普拉斯则和丈夫不断争执，最终变得精神错乱。

桑德拉·吉尔伯特[1]和苏珊·古芭[2]写的《阁楼上的疯女人》（1979年）是著名的女性主义批评代表作。该书以夏洛特·勃朗特[3]的名著《简·爱》（1847年）为题材，深入剖析了简和房东罗切斯特的疯狂的妻子伯莎之间的关系。身为孤儿的简是一名家庭教师，她与房东罗切斯特相爱。简和伯莎就像盾牌的两面，妻子的别名是"被困在家中的女人"，如果简取代了伯莎的位置，那么同样的命运将等待着她。伯莎除了发疯之外别无选择，而维多利亚时代的"诅咒"——任何偏离女性特征的女性注定会被认为是怪物，一直延续到了20世纪。

普拉斯和弗里丹的命运对出身名门的水田来说并非他人之事，水田对哥特式文学的关注也不足为奇。哥特式文学为女性保留的指定席位是"女妖精"（femme fatale），即以女性特征的过剩或偏离来摧毁男人的女人。但正因如此，她们成了被男人所惧怕，却又同时被男人所迷恋的存在。被称为魔女、女巫的女人，是被忌讳和排斥的存在，与之相反的，是圣女、女神和母性。然而，这两者都不过是男人制造出的幻想罢了。

1　桑德拉·吉尔伯特（Sandra M. Gilbert，1936—）是美国文艺评论家、诗人。她是加利福尼亚大学的教授，活跃在女性主义文学批评和精神分析领域。

2　苏珊·古芭（Susan Gubar，1944—）是美国文艺评论家、印第安纳大学名誉教授。她被认为是女性主义文学批评和性别研究的整合者。她与桑德拉·吉尔伯特合著的《阁楼上的疯女人》（1979年）是女性主义批评的经典之作。

3　夏洛特·勃朗特（Charlotte Brontë，1816—1855）是英国维多利亚时代的小说家。她的代表作《简·爱》（1847年）为畅销书，在世界文学中具有重要地位。

从"女主人公"到"主人公"

水田这位从美国文学研究出发的日本女性，最终又回到了日本文学。她既研究普拉斯的作品，也进行诗歌创作。她是一位语感极为细腻的诗人，所以恐怕无法放弃用母语来表达思想。

我的面前摆放着一本书：《从女主人公到主人公：女性的自我与表达》（1982年）（下文简称《从女主人公到主人公》），这本书可以说是水田在日本女性主义批评领域的处女作。眼前的这本封面破旧、书体泛黄的著作上，有作者的签名，日期为"1982年12月20日"，还有题字"在河边"。这是我访问她在加州河畔的住所时，她为我亲笔写下的。当时她有5个孩子，她一边带孩子，一边全职从事研究工作。

她告诉我，她写论文时，就让孩子坐在桌旁。那时30多岁的我竟问了她一个愚蠢的问题："你有没有想过，如果没有生儿育女，你或许可以写出更多的著作呢？"她回答道："因为孩子，写书的进度是变慢了，但这就是人生吧，不是吗？"这个回答让我至今记忆犹新。

在《从女主人公到主人公》中，水田指出，"女主人公"这一称呼是男性作家给女性指定的席位。圣洁的处女、女神、母亲，以及她们的对立面——妖妇、毒妇、娼妇……这些都被水田称作"女性的神话化"。无论她们是被崇拜还是被鄙视，结果并无二致。在男人们钟爱的幻想中，女性就这样被放逐或被囚禁。

水田如此写道：

> 圣洁的处女、母亲或永远的娼妇形象——这些女性形象不仅是男性梦想的源泉，也是女性自身的幻想。

（水田，1982：封面）

男人梦见了女人，而那个女人也同意成为他梦中的合演者。因此，德国作家露·莎乐美（Lou Andreas-Salomé）[1]扮演了哲学家尼采（Nietzsche，1844—1900）的命运之女，而法国日记作家阿纳伊斯·宁（Anaïs Nin）[2]则扮演了亨利·米勒（Henry Miller，1891—1980）的母亲和情人。毋宁说，只有成为男人梦中的合作演员，并奋力表演，才会出现女人占据优势地位的脚本。但这其实还是落入了男人的圈套。男人看似因为自己编织的梦而被女人玩弄于股掌，然而事实上，那不过是他们自己预先写出的脚本罢了。

从"女主人公"到"主人公"的转变，便是女性反抗的轨迹。在这个过程中，女性从被男性客体化的存在，转变为获得了自我表达权的"讲述的主体"。正因如此，作为这种艰苦奋斗的证明，近代文学中的"女性的自我与表达"才显得那么弥足珍贵。

以坚韧的知性为支撑

在水田的众多著作中，我所选取的不是《从女主人公到主人公》，而是她之后于1993年出版的《叙事和反叙事的风景：文学与女性的想象力》。这是因为，在《从女主人公到主人公》出版约10年后，以此书为前史，《叙事和反叙事的风景：文学与女性的想象力》达到了一个新的高度，代表了水田女性主义批评的一个里程碑。特别是，收录在这本书中的

1　露·莎乐美（Lou Andreas-Salomé，1861—1937）是德国作家、精神分析学家。因她与同时代著名的思想家、诗人、学者等各类人士进行思想交流和狂热恋爱，故被称为"魔女"。

2　阿纳伊斯·宁（Anaïs Nin，1903—1977）是法国日记文学家。从11岁开始写日记，一生撰写了大量日记。她的日记作为官能告白文学而闻名。出版发行了《阿内斯·尼恩选集》全六卷。

《逃向女人与逃离女人：日本近代文学中的男性形象》一文[1]，可以毫不夸张地说是日本女性主义批评的伟大成就之一。我虽然建议读者通读全书，但新版的《日本的女性主义（十一）：女性主义文学批评》（2009年）只收录了这篇文章，它同时也被收录在旧版的《日本的女性主义（七）：表达与媒体》（1995年）一书中。当时，是我在征得其他撰稿人的同意后，坚持将这篇文章收录进去的。

2010年，我任职于东京大学，考虑到教书生涯即将结束，我选择了《新编日本的女性主义》全十二卷作为研讨课的主题。在讨论"女性主义文学批评"时，我邀请了毒舌书评作家丰崎由美（1961—）来参加该次讨论课。她告诉我，她曾经认为"女性主义批评是'无聊的批评'的代名词"，故而与之保持距离，但"即便只读水田的这篇文章，也可以判断《日本的女性主义（十一）：女性主义文学批评》这一卷有足够的阅读价值"。

批评是一种迂回的自我表达形式。水田起初做诗人，后来成为研究者，发表论文和评论，最终又回到了诗人这个起点。有一次，我听到她的感慨："我有一个朋友对我在文章中完全不展露自己感到生气，可我明明已经将自己全盘托出了啊。"

那一刻，我几乎抑制不住自己的愤怒，想要对她那个朋友说："你怎么读的？你这个傻瓜，如此眼拙吗？"水田的文章真切到好像轻轻切开就会涌出热血。如果说女性学是"女性经验的言语化"，那么水田的论文就包含了因女性经验而产生的苦涩与绝望，同时又以拒绝屈服于这种苦涩与绝望的坚韧知性为支撑。我明明在水田的文章中深刻感受到了她的热血和体温，你竟然感受不到吗？

1　以同一标题首次发表于《日本文学》1992年11月刊。

铺垫写得过长了，最重要的还是让大家读读水田的文章吧。

日本近代文学中的男性形象

在近代日本文学作品中，男人是通过"女人"的引导，才发现自己的内在世界的。男人脱离了"公共"领域，即社会，而潜入"私人"领域。身处私人空间里的是女人，在女人的诱导下，或是为了追求女人，男人也沉浸到私人领域之中。

（水田，1993：63-64）

在男人逃向私人领域，即"女人"的过程中，有两种显著的倾向。一种是逃往家庭，另一种则是逃出家庭。即一种是逃向妻子这个只属于他自己的女人身边，此时妻子身处家庭这个保护区；另一种则是逃离妻子所代表的世俗，此时妻子处于家庭这个小社会中，而这种情况下，男人为了追求更纯粹的女人，往往逃往烟花柳巷。

（水田，1993：65）

然而，无论是哪一种情形，男主人公都无法在"私人"领域中找到他们所渴望的女人。这是因为，他们在那里找到的不是一个隐喻意义上的"女人"，而是一个性别上的他者，一个活生生的女性。（中略）日本近代文学中的男人，想在"女人"的隐喻中寻求自身内心的救赎，却对现实中的女人感到失望、痛苦，从而又从女人身边逃离。

（水田，1993：65-66）

逃向女人和逃离女人这两种模式，前者可以被称为"战斗的家长"[1]，他们为了保护家庭和家族，敢于放弃公共领域回归家庭，而后者则可以称作"好色之男"，他们放弃了自己家长的身份。

（水田，1993：66）

从这段简短的引文中不难看出，100年的日本近代文学史，可以从"战斗的家长"和"好色之男"的谱系来详尽论述。驹尺喜美[2]在这个谱系中又加上了"窝囊的家长"这一角色。这些人本来可以成为"战斗的家长"，但由于缺乏意志力和能力，只能做个"窝囊的家长"，日本的"私小说"便是他们的呻吟。那些成功"逃向女人"的男人也不尽如人意，"尽管怀抱梦想和期望"（水田，1993：67），却被狠狠背叛，饱尝失望的滋味。

男人们希望通过沉浸在"女人"中，回归纯粹的"私人"领域，回到他们自己的内心深处。然而，他们在那里只发现了一个难以捉摸、令人恐惧的他者，她不是拯救者，甚至都不是救赎之路的引导者。

（水田，1993：67）

因此，从"女性的自我和表达"出发的水田，拿日本近代文学中的男性形象开刀，将日本近代文学中的"男性话语"之谜毫不留情地揭露出来。然而，她的论述并没有止步于此，水田继而又回到了日本近代文学中的女性作家这一主题。

那么，日本近代文学的女性作家是如何描绘男性的，她们又是如

1　该词借用自山崎正和的《鸥外：战斗的家长》（1972年）。
2　驹尺喜美（1925—2007）是日本近代文学研究者，尤为关注夏目漱石的作品，代表作有《魔女的逻辑》（Epona出版，1978年）等。

何回应男性作家作品中出现的"男性话语"的呢?

(水田, 1993: 75)

答案如下:

> 女性作家的作品中存在着对男性创造的"女性话语"的拒绝和反抗。男性往往通过他们梦想中的"女人"来展示自己的内心世界,与之相对,女性则通过远离男性来发现并进入自己的内心世界。

(水田, 1993: 76-77)

> 从这个意义上说,近代女性作家很少描写男人。(中略)

> 这并不是说女性的内心世界从来就没有男人。相反,在这种女性的自我因男人而被封闭的制度中,女性的内心世界是在和男人的斗争中形塑而出的。因此,女性并非通过男人发现自我,而是通过远离男人才看清了自己的内心世界。

(水田, 1993: 77)

女性并不"像男性寻求理想的女性那样寻求理想的男性"(水田,1993: 78),这些女性与男性之间存在着令人目眩的性别不对称性。这就是即使将"男性话语"反转也绝不会变成"女性话语"的原因所在。

在《逃向女人和逃离女人》中,水田也提到了战后近代日本男性文学和女性文学的变化。她说:

> 现代文学中,最为本质的变化(不得不改变),就是男性作家作品中的"男性话语"吧。战后的男性作家不得不认识到,无论是放弃家长的身份企图从女性的肉体,即性中寻求救赎的"好色之男",还是通过保护妻子的母性,即女性作为生殖的性别来寻求自我救赎的

"战斗的家长"，都无法再成为剧本里的主角了。

（水田，1993：84-85）

男人们不得不回归现实中的女人和家庭，但当他们想要回家时，却面临"家庭"和"妻子"都已不在的危险和恐惧。

（水田，1993：85）

可以说，这种转变是在历史中自然而然发生的。这其实是男人们内心世界的问题，他们因现实中的女性而清醒，认清了必须与她们共同生活的现实。

（水田，1993：85）

另一方面，现代的女性作家们又如何呢？

她们试图下到深井的底部，寻找被退回原点的女性。（中略）她们的主题和任务仍然不是"男性"，而是"女性"自己。

（水田，1993：85-86）

水田认为，这是近代男性和女性之间的彻底清算，是结束近代文学的一种尝试。如果说近代文学是男性通过"女性"之梦，来描绘属于自我的内心世界的话，那么宣告近代文学结束的，也正是"女性"话语。

对《男流文学论》的批判

我曾邀请斋藤美奈子担任《新编日本的女性主义（十一）：女性主义文学批评》一书的编辑。我至今仍坚信这个选择是正确的。但在这部书开头的"解说"中，她宣称："让我们把女性主义批评当作一个'历史概念'吧。"

她明知会被反驳，却故意发表这种挑战性的宣言，是因为她认为"历史概念"是"过期概念"的同义词。也就是说，这个概念在历史上的某一时刻可能是有效的，但现在已经过了时效。

"女性主义批评"自进入日语圈以来，一直是一个不受待见的概念。这不仅是因为它挑战了以往文学批评的朴素的文学信仰——"优秀的文学作品是不分男女的""男人写的杰作女人无法评价，因为女人没有理解文学的能力"，还因为在非"文学"的"文艺"批评领域等一些文学的边缘地带，不断涌现出女性主义批评代表人物的"作文"，这些文章既没有根据也没有分析，不过是些直观的读后感罢了。

女性主义批评理论这一外来理论，不仅对那些对理论过敏的文学家来说是火上浇油，即使是那些接受解构主义批评的激进批评家，也认为女性主义批评不过是一种用性别取代阶级的朴素的意识形态批评。与其说女性主义批评受到了反对势力的抵制，倒不如说遭到了蔑视。如上所述，当代首届一指的书评人丰崎由美将女性主义批评斥为"'无聊的批评'的代名词"，并不是没有道理的。

事实上，早期许多以女性主义批评的名义撰写的作品，只是单纯地重复、强调男性作家的作品"不会写女人"或"真正的女人不是这样的"，这些作品一出现就立刻被厌弃了。因此，我们便不难理解，为何从事文学研究的女性学者中的有识之士会说，"不想被与那样的女性主义批评混为一谈""那种水平的文章不能被称为'女性主义批评'"了。

不过，水田的成就在女性主义批评中脱颖而出。

她这样写道：

　　说男性作家没有理解女性、没有准确地描写女性、没有把女性作为真实的人来描写，这种指责本身是正确的，但其作为对男性作家的批判却没能切中要害。这是因为，男性作家对现实中的女性感到失望，所以他们寻找的是梦中的女性，描绘的是自己内心的风景。例如，夏目漱石的小说中的男性坚守在妻子身边，回归家庭，但这不意味着他们想和女人深入交往，不意味着他们是摒弃父权制的女性主义者。[1]再如，作品中的一些男性因为恋爱的幻想而抛弃家庭，沉溺于红灯区，执着于恋物癖（无需真实的女性），但不能说这一切都是"厌女"造成的。[2]

（水田，1993：75-76）

那么，我们应该如何解读男性作家呢？她的回答如下：

这些小说中的女性指责小说中的男性，说他们没有把自己当作拥有"自我"的人来对待，没有尝试理解她们，这一点毋庸置疑。但近代的大多数男性作家之所以选择文学，是因为投身于自己的内心世界并沉浸其中。如果不通过"女人之梦"，他们就无法看到和走进自己的内心。（中略）而作家们构筑的"女人之梦"的结构，才是需要被批评、分析的对象，他们正是通过这一结构编织出了男性的内心世界。男性作家随心所欲地在女人身上寄托梦想，随心所欲地解释女性，正是因为他们所描绘的梦想中的女性与现实中的女性之间差距巨大，才使得他们的内在风景变得绚丽多彩。（中略）在他们的作品中，可以看到经由他们创造的"女性话语"清晰呈现的男性的内在风

1　虽然没有明确说明，但实际上这里水田批评的，是驹尺喜美的《名为漱石的人：吾辈是吾辈》（思想科学社，1987年）。驹尺认为漱石描写了"窝囊的家长"的苦恼，他们意识到爱欲的缺席意味着夫妻关系的扭曲。

2　指的是富冈多惠子、上野千鹤子和小仓千加子三人合著的《男流文学论》（1992年）中对吉行淳之介和谷崎润一郎的批判。（1997年筑摩书房出版了《男流文学论》的文库本）。

景，而这些风景，就是所谓的"男性话语"。

（水田，1993：76）

我把这段文字看作对我所参与编写的《男流文学论》（筑摩书房，1992年）一书最激烈和准确的批评。

20世纪80年代，日本还没有出现女性主义批评，但从事文学研究的女性主义者们终于开始译介外国的女性主义批评文献。于是，一些女性大胆尝试用同样的方法剖析日本的男性文学，她们把那些被视为正统、已颇有名望的作家和作品作为批评对象。富冈多惠子、上野千鹤子和小仓千加子（1952—）三人合著的《男流文学论》便是其中之一。斋藤美奈子在《男流文学论》文库版（1997年）的解说中描述了她当时的"震惊"之情。

> 我根本无法忘记5年前《男流文学论》出版时我所感到的震惊。那天早上，当我睡眼蒙眬地浏览早报时，看到了上面关于这本书的广告。早上10点钟书店一开门，我就冲进书店，径直拿起该书跑去结账。（中略）书中到底写了什么已经是次要的了，只要这样的书出版，对我来说就足够有价值了。

（斋藤的解说，1997：447）

那时，男性作家将女性作家的作品称作"女流文学"，所以仅是反其道而行之地使用"男流"一词就足够具有挑战性了。这本书就像是从外面扔进文学研究"池塘"里的一块"石头"。不出所料，它激起了涟漪，并遭到反对，其中之一便是文学评论家柘植光彦的书评，斋藤在她的解说中介绍了这篇书评。

> 研究生水平的富冈氏、突击学习却做足了功课的大学生水平的上野氏，以及预习得不够充分、想到哪儿说到哪儿的小仓氏，她们说

的内容都过于简单。"这个大叔不了解女人"，"这个大叔太守旧了"，"这种东西算是文学吗？"她们不过是不断重复这三点罢了。从"研究"和"批评"的标准来看，这种内容太过稚嫩了。

（柘植光彦，《读者周刊》，1992年4月13日刊）

（斋藤的解说，1997：449）

当然，《男流文学论》的合著者们也没有沉默。我们三人在后来面对面的交谈（《中央公论》，1992年7月刊）中对众多书评进行了反击。

上野："我听了柘植光彦的话真是笑死了。"

富冈："他说我是研究生，上野是大学生，而小仓是高中生。"

上野："我猜他觉得他自己是教授。"

（中略）富冈："这大概是日本文学系文艺研究的特质吧。"

上野："真是可怕的权威主义。"

（斋藤的解说，1997：450）

斋藤在《新编日本的女性主义（十一）：女性主义文学批评》中略带调侃地称《男流文学论》有"井户端会议[1]般的紧张感和效果"，正如她所说，《男流文学论》从"普通读者"层面评论了日本男性文学，这确实可能有损女性主义批评的声誉。然而，当时正处于女性主义批评的黎明期，无论论述些什么都会被忽视或压制。因此，彼时这是一条不得不走的路，唯有这样，才能撬开那些无论怎么敲都紧锁着的大门。

与这些预料之中的不恰当的批判不同，水田对《男流文学论》的批判是根本性的，我从未见过有比她写得更为准确的书评。如果以水田建议

1　原指妇女们在打水或者洗衣时在井边一边说话，一边干活的样子。现多指主妇们在家事之余的闲话家常。——译者注

的方式重新阅读"男流文学",连那些之前读起来令人不快的作品,比如
吉行淳之介(1924—1994)和谷崎润一郎(1886—1965)的作品,我们也
能惊讶地发现其中是多么赤裸裸地吐露着"男性之谜"。甚至连诺贝尔奖
得主川端康成(1899—1972)写的《睡美人》(1961年)这样的"性骚扰
小说",我们也可以从中读出惊人的成果——书中通过年老体衰的男人的
"梦想",非常诚实地揭示了男人的内心世界,这实际上是男人在向我们
坦白他们的自身之谜。

女性主义文学批评的未来

斋藤把女性主义批评描述为一个"历史概念",同时,她取而代
之地提出了"性别智识"的概念。格里·横田·村上(Gerry Yokota
Murakami,一位研究日本文学的年轻学者)在《用性别智识解读文学》一
文中对"性别智识"进行了如下定义。

> 对性别问题保持敏感,互动而不是被动地阅读文学作品。

(横田,2009:23)

当下的文学研究颇受读者理论的影响,读者理论揭示出"阅读"不是
对信息的被动接收,而是对文本的主动再生产。如此看来,横田的定义是
相当恰当的,而真正实践了这种"阅读"行为的,正是女性主义批评。

不管斋藤怎么说,"女性主义批评"的概念都不需要消失,也不会
消失。姑且不论日本的情况,放眼全球来看,女性主义批评的概念已经在
国际上生根发芽,而且不仅仅是文学领域,它还扩展到了女性主义影视批
评、女性主义艺术批评等其他领域,今后说不定还会出现女性主义漫画批
评。只要各个领域中的性别不平等现象继续存在,女性主义批评就永远不

会过时。

水田本应是个多产的研究者，但她或许受到了家庭状况的制约和大学管理者职务的影响，从而逐渐远离了文学研究的道路。后来她结束了漫长的海外生活，找到了一个最能理解她工作的日本伴侣，并陪伴他走到了人生的尽头。后来，她回归诗歌。

《从东京出发》是水田的一首长篇诗，收录在她最近出版的诗集《归路》（2008年）中。她这样写道：

> 那么，我该去向哪里呢？
>
> 终点越来越远
>
> 归家之路比想象中还要漫长
>
> 从这里出发，我该去向哪里呢？
>
> 归路如此漫长
>
> 我只能两手空空，回到起点
>
> 从东京出发，我究竟该归向何处呢？

（水田，2008：24-29，节选）

这本诗集出版时，水田宗子已经70岁了。归路并不是终点。诗人的感受性总是那么鲜活而强烈。

我30多岁的时候，水田40多岁。那时，我曾咄咄逼人地向她询问："40岁之后，人生会不会变轻松点呢？"

她嫣然一笑，说道："30岁有30岁的艰辛，40岁有40岁的苦楚。生活是不会变轻松的。"

"那不就是70岁有70岁的，80岁有80岁的痛苦在等着我们吗？那么，请你务必让我们抢先一步知道，前方的路上都有些什么吧。"我央求水田，就像一个天真无知的孩童。在我心中，水田就是这样的人。

参考文献

天野正子他編，2009，『新編　日本のフェミニズム11 フェミニズム文学批評』，岩波書店

井上輝子他編，1995，『日本のフェミニズム7 表現とメディア』，岩波書店

水田宗子，1982，『ヒロインからヒーローへ——女性の自我と表現』，田畑書店、新版1992

水田宗子，1993，『物語と反物語の風景——文学と女性の想像力』，田畑書店

水田宗子，2008，『帰路』，思潮社

ジェリー・ヨコタ，2009，「ジェンダー・リテラシーでよみとく文学」，牟田和恵編『ジェンダー・スタディーズ——女性学・男性学を学ぶ』，大阪大学出版会

Brontë, Charlotte, 1847, *Jane Eyre*=1957，藤寿子訳，「ジェイン・エア』上・下 岩波文庫

Gilbert, Sandra M./Gubar, Susan, 1979, *The Madwoman in the Attic*, New York and London: Yale University Press.=1986，山田晴子、薗田美和子訳，「屋根裏の狂女——ブロンテと共に』朝日出版社

第二部分

以 "性别" 的视角重审世界

曾几何时，我突然察觉：那些对你影响至深的著作，并不会出现在你论文的参考文献中。

那些著作形塑了你的理论与思想，成为你血肉之躯的一部分，你又如何能将其与自己分离开来、一一列出呢？那些内容，由于难以追寻出处，连标注引用都变得困难。思想与理论大多借用自他人，但借用本身并非可耻之事。重要的，是从谁那里、如何进行了借鉴？又如何将它们为己所用？

接下来列举的几本外文著作，都对我产生了极为深刻的影响。与本书第一部分一样，我也把它们按照刊行的年份顺序排列。虽然本书题为《女性的思想》，但其中加入了两部男性思想家的著作，或许有些读者会对此感到讶异。

然而，女性的思想，也可称作建构男性与女性之别的思想，更准确地说，是揭露区分男女的 "装置" 的思想。因此，我们不能忘记福柯的贡献，也不能无视后殖民主义代表人物之一萨义德的存在。

同时，我还深受从后结构主义走向解构主义的斯科特、斯皮瓦克、塞吉维克、巴特勒等激进派性别理论家的影响。有人说，女性学不过是舶来品，我想借用斯皮瓦克的名言来回复他们。曾经，面对 "gender一词对日本女性而言难道不是外来语吗？" 这个问题，斯皮瓦克给出了精彩的回答："不论是谁先提出的，只要于己有用，拿来用就好。"

米歇尔·福柯

第六章　性既非自然也非本能：
米歇尔·福柯《性史（第一卷）：认知意志》

"性是有历史的"

这一说法实现了范式转换，性从自然科学的研究对象转变成人文社会科学的研究对象

该书是20世纪揭示近代"性的装置"的经典名著

◎　米歇尔·福柯（Michel Foucault）

1926年出生于法国普瓦捷市。哲学家，法国结构主义的代表人物。他在巴黎高等师范学校专修哲学，游历于欧洲各国的医院和研究所，开展精神医学研究。1970年起任法兰西学院教授。福柯引领了20世纪60年代存在主义之后的现代思想，确立了20世纪"认知"的思想体系。1984年，福柯因艾滋病去世，享年57岁。除《性史》三卷外，他还有不少著作被翻译成了日语，如《词与物》、《疯癫与文明：理性时代的疯狂史》、《规训与惩罚：监狱的诞生》、《米歇尔·福柯思想集成》全十卷以及《米歇尔·福柯授课纪录》全十三卷等。

《性史（第一卷）：认知意志》（*Histoire de la sexualité, La volonté de savoir*），出版于1976年，日文版由渡边守章翻译，由新潮社出版于1986年。

性研究的范式转换

1976年，发生了一件大事——米歇尔·福柯所著的《性史（第一卷）：认知意志》出版发行，它使人们对性的看法发生了根本转变。

从那之后，每当谈到性，"自然"和"本能"便成了忌语。同时，性从自然科学领域的研究对象转变为人文社会科学领域的研究对象。在此之前，与性相关的科学研究被称为"性学"（sexology），研究者大多则来自医学、动物学、解剖学、内分泌学领域，还有极少数来自心理学之类的领域。事实上，世界上最早对性行为进行科学化调查的阿尔弗雷德·金赛（Alfred Kinsey，1894—1956），原本是研究蜜蜂的动物学家。他认为，人类的性与动物的性相同，属于"自然"行为，于是就像观察动物一样对人类男性的性行为进行了调查，并于1948年发表了调查报告——《人类男性性行为》[1]（关于女性的报告在1953年完成）。如果像金赛所认为的那样，性属于"自然"，是出于本能的动物行为的话，那么，性应该不存在历史。对此，福柯则论述道："性受文化和社会的影响，不断发生变化，且变化的速度远远超乎我们的想象。"

更准确地说，福柯论述的不是"性的历史"，而是"性意识（sexuality）的历史"。根据全美性信息教育协会SIECUS（Sexuality Information and Education Council of the United States）的玛丽·考尔德伦（Mary S. Calderone）和莱斯特·柯肯达尔（Lester A. Kirkendall）的定义，性（sex）是指"两腿之间"的东西，也就是性器官；而性意识（sexuality）则是指"两耳之间"的东西，也就是大脑。福柯的译者渡边守章就把sexu-

---

1　在金赛的调查中，"学历"这一变量也被包含在内。同时，研究提出了社会属性（阶级）对性行为有所影响的假说。金赛调查的性行为实际上不是动物性的性行为，而是社会性的性行为。

ality译成了"性的欲望"。"性的欲望"一般可解释为"性现象"或"与性相关的欲望及习惯的总称"。产生性冲动的是大脑而非性器官，所以，性研究并非关于下半身的研究，而是针对上半身的研究。

古希腊人将近代人认为的性称作"阿佛洛狄忒[1]之业"。福柯指出，自古希腊时代以来，存在性爱（erōs）的技术——ars erotica，但不存在"与性相关的科学知识"（scientia sexualis）。他主张，性爱的技术之所以变成能被科学知识所描述的内容，即转变为性意识（sexuality），是"近代"的产物。换言之，正如从金赛撰写的性行为调查报告中看到的那样，把性当作自然科学的研究对象进行研究这件事本身，就是"近代"的产物。

《认知意志》

福柯早在20世纪60年代就已经在全球声名显赫了，当时他是一位结构主义哲学家。他于60年代出版了《疯癫与文明：理性时代的疯狂史》（1961年）、《词与物》（1966年）、《知识考古学》（1969年）等著作，奠定了其作为哲学家的地位。到了70年代，他的《规训与惩罚：监狱的诞生》（1975年）面世。

如果在获得那样瞩目的成就之前，《性史》的第一卷《认知意志》（1976年）、第二卷《快感的享用》（1984年）和第三卷《关注自我》（1984年）已经出版的话，或许会遭到无视。因为《性史》同时也是一部将他本人是男同性恋者的事实公之于众的著作，而男同性恋的身份在当时的社会难以被接受。福柯运用之前写作中磨炼出的分析手法，剖析西欧古

1　希腊神话中是代表爱情、美丽、性欲的女神。——译者注

典书籍中被称作"性"的话语。换句话说，他是赌上自己的身份，在向世人传播《性史》。

第一卷《认知意志》是在1976年福柯50岁的时候出版的。最初，他计划《性史》系列由五卷构成，而《认知意志》相当于序言部分。但是在《认知意志》出版之后，其他研究者的相关论文和评论层出不穷，福柯不得不进行大篇幅的修改。之后历经8年的锤炼，直到1984年，第二卷《快感的享用》和第三卷《关注自我》才得以出版发行。第四卷《肉体的告白》则在即将完成之际，因福柯的离世而不得不中断。他的死因是艾滋病。如果当时第四卷也能够出版的话，性的历史又会怎样被改写呢？

我等不及日文译本的刊行，在1978年《认知意志》的英文译本问世时，便如饥似渴地拜读了。如今想来，竟恍若昨日。

私密性让"性"特权化

随着《性史》三卷的出版，各国关于性史的研究日渐展开，"性（sexuality）研究"作为一个专门的学科领域逐渐被确立起来。在美国，创刊于1990年的国际学术杂志《性史杂志》（*Journal of the History of Sexuality*）[1]至今仍在刊行。福柯的《性史》的出版使"性"成为世界性学术研究的主题，对此我深有恍若隔世之感。

在此之前，性研究被认为是一部分喜好风流之人的专利。性本身被认为是"色情的"，与性相关的研究也被看作色情的研究。性作为一种"禁忌"被从公共领域中排除出去。

社会学者永田惠理子[2]（1958— ）曾在《道德派女性主义者宣言》

1　*Journal of the History of Sexuality*, 1990—, University of Texas Press.
2　此处将えり译作惠理。——译者注

（1997年）中提到，性具有"非公开性原则"，它被从公共领域排除，封锁在私密领域中。而福柯则把性被封锁在私密领域的历史过程清晰地揭露了出来。

性并非一直都是私密之事。曾经，权力者之间谁与谁发生了性关系、生出怎样的孩子是一种政治，普通民众之间也不存在什么隐私。可以说，是性先被从公共领域排除出去，然后人们才建构出性的私密空间的。

社会学家内田隆三（1949—）在《消费社会与权力》（1987年）中指出，"猥亵"（obscene）与"场外"（off scene）密切相关[1]，所以在不合适的场合（out of place）提"性"这件事本身，就会变成侵犯禁忌的"不合规矩的做法"。正因为人们将性作为私密之事看待，才反过来造就了性的特权化。

当然，仅凭福柯一人是不可能带来如此巨大的范式转换的。早在20世纪初，这种变化就已经有了苗头，但与性相关的领域的研究存在以下四个问题：

1. 性研究本身是一项禁忌；

2. 能引用的史料文献极少；

3. 即使有相关文献，也很难获取；

4. 研究者难逃被边缘化的命运。

在文化人类学领域，随着人类性行为相关调查的不断推进，在男女的行为习惯、婚姻、生育等方面积累了大量研究成果。比如美国人类学家玛格丽特·米德（Margaret Mead，1901—1978）在《两性之间：变迁世界中的性研究》（1949年）中对因文化与社会的不同而呈现出差异的性关系进行了比较研究。英国人类学家布罗尼斯拉夫·马林诺夫斯基（Bronislaw

---

1 两个词的日语发音类似。——译者注

Kaspar Malinowski，1884—1942）基于南太平洋基里韦纳群岛的实地调查，撰写了《原始社会中的性别与抑制》（1927年）和《原始人的性生活》（1929年），否定了精神分析医生弗洛伊德（Sigmund Freud，1856—1939）倡导的"俄狄浦斯情结"学说的普遍性。性受到文化与社会的影响，这点逐渐为大众所知晓。

弗洛伊德通过精神分析，提倡"泛性欲论"，认为人类的各种行为均可由性欲来说明。这一主张无疑破除了19世纪末基督教社会中的大忌，震惊了整个世界。但是福柯认为，弗洛伊德这种使用精神分析术语来剖析性的认知行为本身，就是"性（sexuality）的近代"特征，是"近代"带来了如此这般的关于性的科学认知。弗洛伊德根据其精神分析的理论，将性分为正常的性和异常的性。其中，同性恋被定义为脱离常态的、病态的性。

在近代以前，存在"爱欲"（erōs），却不存在"性"（sexuality）一说。如果把erōs和sexuality两个完全不同的概念混为一谈的话，就说不清了。所以，我们可以说"性（sexuality）的近代"，却不能说"近代的性（sexuality）"。同样，也不能说"古代的性（sexuality）"或者"中世纪的性（sexuality）"。因为，彼时还不存在sexuality的概念，故无法用其来论述。所谓"近代"，就是孕育"性"（sexuality）这类知识的时代，反言之，被烙上"性"（sexuality）标志的时代，正是"近代"。也就是说，所谓近代，是被"与性（sexuality）相关的认知"附体的时代。"与性（sexuality）相关的认知"的作用，就是将性置于支配和管控之下，即通过性来行使权力。

性（sexuality）的近代装置

福柯曾经指出，认知即权力。《性史》第一卷之所以题为《认知意志》，即源于此。

福柯在《认知意志》中论述了19世纪欧洲资产阶级的性的"装置"（apparatus），他认为，性是历史的产物，同时也是阶级的产物。

在欧洲，结婚被当作基督教的圣礼也不过是17世纪之后的事。一夫一妻制（monogamy）是资产阶级的规范。在贵族阶级中，重婚制（polygamy）被认为是理所当然的，而工人阶级中也没有确立一夫一妻制。资产阶级为了与这两个阶级区分开来，创造了属于自己的性道德标准。面对资产阶级的崛起，圣职人员制定了性行为规范，他们只把基于婚姻的异性间以生殖为目的进行的性交行为视为"正常的性行为"，而与生殖无关的性行为，如避孕行为、性交的前戏和后戏等则被视作过度的、超出正常范围的性行为。"传教士体位"（missionary position）顾名思义，是指"传教士教导的体位"。

在《圣经旧约》中被称作"俄南之罪"的"自慰"（Onanie），本意是指中断性交，体外射精的行为。换句话说，自主将精子释放在体外的行为被视作与生殖无关的过度行为，在"性（sexuality）的近代"，自慰变成了背叛神明、有违常理的行为，成为禁忌和被管控的对象。

尤其是，美国是一个由戒律森严的清教徒主义性道德标准支配的保守社会。直至20世纪70年代，美国南部的各州法律仍明文规定禁止肛交和口交。可是，在卧室进行的违规性行为，到底是怎样被邻居监视发现并通报的呢？

以生殖为目的的异性恋，是被资产阶级定义的性（sexuality），是对性的一种控制。由此，在古希腊时代比少年爱[1]低一等的夫妻性爱的地位得以上升。

福柯认为，近代的"性的装置"存在以下四个要素（福柯，1976=1986：133-146）（上野，《差异政治学》，2002年）：

1. 儿童的性教育化（pedagogization of children's sex）；

2. 女性身体的歇斯底里化（hysterization of women's bodies）；

3. 性反常的精神病理学化（psychiatrization of sexual perversion）；

4. 生殖行为的社会管理化（socialization of procreative behavior）。

第一，"儿童的性教育化"，是指把儿童的性变为管理的对象，尤其是把禁止自慰作为教育的一部分。因为将儿童与性隔离，所以儿童便成了"天真无邪"的代名词。"天真无邪"与"对性的无知"同义。

第二，"女性身体的歇斯底里化"，是指否认女性的性欲，不把女性看作性欲的主体。根据弗洛伊德的说法，被否认的性欲会致使"被压抑的事物的回归"。那种压抑的爆发体现为"歇斯底里"。歇斯底里是"子宫之病"，是女性固有的病症，这种神经疾病被称为"性别之病"。

第三，"性反常的精神病理学化"，是指把同性恋当作性反常行为，依据精神病理学将其视为异常现象。虽然弗洛伊德提出，在人格发展的初期阶段存在多种多样的性欲，即"多型反常"，但只有伴随性器官接触的异性恋被视作"正常的发展"目标，同性恋等在异性恋之外产生的性欲则被定义为"反常"。在中世纪之前，仅是宗教意义上罪行的"鸡奸"（sodomy）（反自然的性行为），在近代之后变成了专指男同性恋性行为的词语。因为与性相关的科学认知的出现，同性恋被当作精神医学中的一种病理，成为应该被治疗和矫正的对象。事实上，在美国精神医学会的

---

1 古希腊少年爱是古希腊时代被社会所公开承认的一种社会关系，通常形成于一名成年男性和一名青少年之间。——译者注

DSM-Ⅱ分类（精神疾病诊断统计）中，同性恋直至1973年才从"精神疾病"的类别中被删除。

第四，"生殖行为的社会管理化"是指被认定为正常的异性恋夫妇，会作为生殖的基本单位受到社会控制，也就是诞生了基于一夫一妻制的"近代家庭"。通过身体来管理"个人"的权力，即"生命权力"（bio-power）也由此成立。

在各个近代民族国家中，没有一个国家不是通过对性行为、怀孕与生产的控制，进而对人口的质量进行管理的。女人的子宫属于国家。正因如此，在许多国家堕胎才被视为犯罪。

由此，我们看到了四种装置，即"自慰的孩童"、"歇斯底里的女人"、"性反常者"和"进行人口调整的夫妇"，通过这四种装置，产生了所谓的性（sexuality），并形成了近代家庭。

正如福柯在书中所说：

> 家庭是性与婚姻（结合）的交换器。一方面，它将与法律相关的、法律维度的事物置于性的装置之中，另一方面，它又将快乐的产出、分配的结构及强烈的感觉置于婚姻的体制之中。

（福柯，1976=1986：139）[1]

坦白制度

福柯的《认知意志》第一章，标题为"我们是维多利亚人"。在这一章中，福柯说：在藏匿"性"的伪善者的背后，"性"非但没有被压抑，相反，"在性的周围，与性相关的种种言说喷涌而出"（福柯，

1　本书中"="号后为日文版出版年代。——译者注

1976=1986：25）。"权力自己挺身而出，执拗地让人们讲述与性相关（中略）的内容"（福柯，1976=1986：27）。

这就是"坦白"制度。与性相关的言论被排除在公共领域之外，这反而使之构建起个人的私密性。如此一来，谈论"性"与谈论"自己"具有相同的意义。而这种邀请你"讲述你自己"、让你"坦白"的制度，本身就是一种公共制度。

在法国大革命期间，作为美食家声名远扬的法律专家布利亚萨瓦兰（Brillat-Savarin，1755—1826），在《厨房里的哲学家》（1825年）中曾这样写道："说说你正在吃什么，我便能猜出你是个什么样的人。"模仿这个句子造句的话，我们可以说："说说你怎样做爱，我便能猜出你是个什么样的人。"换言之，在近代社会，"有怎样的性行为"是判断一个人"人格"的指标。

福柯是这样说的：

> 我们的文明，归根结底是存在着某种关系的唯一的文明，在这种关系中，每个人通过听取他人关于性的告白而有所收获。

（福柯，1976=1986：15）

但是我们想一想，将性的相关行为看作一种个人"隐私"，应该说是一件不可思议的事。因为性是隐私，所以对（职场）性骚扰、性恐吓的控诉，在很长一段时间被认为是"与个人隐私相关的事情"，而被雇佣者置之不理，或者说，他们默许了那些性侵犯行为。受害人即使向工会申诉，也同样会因为归于个人"隐私"而屡吃闭门羹。婚内强奸和家暴都仗着隐私之名被藏匿于家庭的黑箱中。直到1997年《男女雇佣机会均等法修订案》的颁布，性骚扰的防止和应对才被列入雇佣者的责任范畴。自2001年发布的《防止来自配偶的暴力及保护被害者的法律》（简称《家暴防止

114

法》）起，公共权力才开始介入夫妻关系。性别研究也在之后阐明了这样一个事实——私人领域是被公共建构的。

德国历史学家彼得·盖伊（Peter Gay，1923—2015）在《官能教育》（1984年）中介绍了一位资产阶级的新婚女性所写的日记，日记记录了该女性作为妻子被丈夫开发性欲的经历。所谓官能，是通过教育培养出的一种感觉。盖伊把这种经验称作"资产阶级的经验"，可谓一语中的。但由此产生了这样一种悖论：日记是避人耳目的私密之物，日记中对性行为的记录属于"隐私"，但同时，作者或许能料想到有朝一日日记会被外人读到，所以其中的性记录又会被作为色情内容而被他人消费。

向第三者诉说自己的秘密就是"坦白"。以"坦白"的形式把私密的性行为暴露出来，就是在向别人诉说自己的"内心世界"。如此，性（sexuality）得以构筑起人们的内心。

法国思想家让—雅克·卢梭（Jean-Jacques Rousseau，1712—1778）撰写的自传小说、被誉为近代小说开端的《坦白》[1]（1766年）一书，也是以"坦白"为题的。我感觉这并非偶然。在《坦白》中，卢梭讲述了自己略显任性的性经历。"有过怎样的性行为"这样的"坦白"，正是卢梭对"我是如何成为一个人"的回答。而且，坦白行为包含的率直与真挚，也是人们追寻内心世界之旅的必要条件。近代文学之所以将"自我的探求"置换成"性的修行"，也是出于这个原因。于是，20世纪的文学，以亨利·米勒（Henry Mille，1891—1980）和诺曼·梅勒（Norman Mailer，1923—2007）为代表，形成了被"性"附身的文学时代。

---

1 中文译名为《忏悔录》。——译者注

忏悔与日本人

"坦白"这项制度以基督教的"忏悔"仪式为原型。基督教的信徒每周都会拜访一次神的代理人——神父，忏悔自己犯下的罪行，请求神的赦免。这样，不为其他人所知、只有神明知晓的"真正的自己"，就能直接与神明建立联系。

基督教在16世纪传到日本，传教士记录的当时日本人性行为的文本令人震惊。

西班牙人迭戈·德科拉多（Diego de Collado, 1589？—1641）是17世纪来访日本的多明我会[1]传教士，他留下的《忏悔录》（1632年）是一本记录日本基督教教徒忏悔（confession）内容的特色图书。这本书原本是在长崎地区传教的德科拉多发往罗马教会本部的传教记录报告书，以当时长崎地区的方言和西班牙语对译的形式记录，按照基督教的"十诫"将信徒的忏悔内容分类。同时，这本书也发挥着外语教材的功能，可以用来提升后任传教士们的语言能力。虽然在这本教材被发现的背后，也有着令人惊叹的故事，但本章姑且不谈，而是把这个故事留到书末的"解说"部分。此处，《忏悔录》中详细记载着当时基督教徒到底将什么视作罪行进行忏悔。

根据评论家木本至（1937—）的名著《自慰与日本人》（1976年）所说，在前近代的日本，性非但不是隐私，甚至手淫对于男女来说都被视作理所当然，大家都清楚女人也是有性欲的。

还有避孕的例子。下面是女方对与自己有不伦之恋的男方提出的建议：

1　天主教托钵修会主要派别之一。1217年由西班牙人多明我创立。——译者注

"味方"建议从后庭进入，这样就不用担心怀孕了。于是我们就像"若道"那样睡过很多次。

（德科拉多，1632＝1986：62）

这里的"味方"指"自己"，也就是说，为了避孕，女方建议进行肛交，且有过多次，她对此进行忏悔。从女方自己积极建议进行肛交可以看出，在那之前，被称作"若道"的男色行为（男同性恋的性交）流传极为广泛。这个例子同时表明，肛交并非社会的禁忌，而且当时的女性掌握了丰富的避孕知识。

比德科拉多更早，在16世纪就来访日本的传教士路易斯·弗洛伊斯（Luís Fróis，1532—1597），曾在《欧洲文化与日本文化》（1585年）一书中表达过震惊之情，他惊讶地发现那个时代的日本女性没有处女情结，对于性异常开放。既然如此，那信徒们又在"忏悔"什么呢？

讲述者只讲述听者想听的内容，如果对方是权威人士更是如此。基督教信徒通过忏悔这个仪式，把自己认为是理所当然的性行为中犯下的"罪行"与"为什么忏悔"，在内心世界中描绘出来。有时甚至可以感到某种娱乐性，他们在忏悔中有故意迎合传教士的倾向。

在明治维新之前的日本，一直保持着重婚式的（polygamous）性习俗，且同时存在男性或女性同性之间的性活动。江户时代把妻子和母亲称作"地女"[1]，想要追求性快乐则会去找娼妓。直至明治时代，在性指南书《造化机论》[2]中，夫妻间性爱的地位才有所上升。

那时伴随着文明开化的热潮，诞生了"家庭"（home）的概念。象征"家庭幸福"的，是一家和乐。一夫一妻、尚未结婚的子女、上班的丈

1　与花街柳巷的女性相对的一种称呼。——译者注
2　《造化机论》是詹姆斯·阿什顿（James Ashton）的美国版*The Book of Nature*（1860年）的日文译本。日译本由千叶繁翻译，于1876年出版。

夫、专职的主妇，由这样的性别分工构成的"近代家庭"由此产生。文明开化论者对民众进行启蒙，告诉他们"家庭幸福"的首要条件是相爱的一夫一妻。与追求快乐性爱就去找娼妓的江户时代相比，可谓一百八十度的大转变。众所周知的启蒙主义性科学书——甲田良造的《奇思妙构：色情哲学》（1887年）也讴歌道："人生最大的快乐存在于一夫一妻之间。"似乎在说，夫妻之间不只有进行性行为的权利与义务，还有践行快乐性爱的权利与义务。

福柯的《性史》对于日本社会也进行了种种探究。如果在"性（sexuality）的近代装置"中，夫妻间相互不只有性行为义务，还有快乐地进行性行为的义务的话，那么日本直到现在，或许都尚未实现"性（sexuality）的近代化"吧。

参考文献

上野千鶴子，2002，『差異の政治学』，岩波書店

内田隆三，1987，『消費社会と権力』，岩波書店

木本至，1976，『オナニーと日本人』，インタナル出版部

甲田良造，1887，『奇思妙構　色情哲学』，金港堂

永田えり子，1997，『道徳派フェミニスト宣言』，勁草書房

Brillat-Savarin, Jean Anthelme, 1826, *Physiologie du goût*, Paris: A. Sautelet et Cie, Libraires. =1967，関根秀雄、戸部松実訳，『美味礼讃』上・下，岩波文庫

Collado, Diego, 1632, *Modvs Confitendi et Examinandi*，ローマ布教聖省=1986，大塚光信校注，『懺悔録』，岩波書店

Foucault, Michel, 1966, *Les mots et les choses*, Paris: Èditions Gallimard.

=1974，渡辺一民、佐々木明訳，『言葉と物——人文科学の考古学』，新潮社

Foucault, Michel, 1969, *L'archéologie du savoir*, Paris: Èditions Gallimard. =1970，中村雄二郎訳，『知の考古学』，河出書房新社

Foucault, Michel, 1972, *Histoire de la folie à l'âge classique*, Paris: Èditions Gallimard. =1975，田村俶訳，『狂気の歴史——古典主義時代における』，新潮社

Foucault, Michel, 1975, *Surveiller et punir: naissance de la prison*, Paris: Èditions Gallimard. =1977，田村俶訳，『監獄の誕生——監視と処罰』，新潮社

Foucault, Michel, 1976, *Histoire de la sexualité, tome* Ⅰ, *La volonté de savoir*, Paris: Èditions Gallimard. =1986，渡辺守章訳，『性の歴史Ⅰ 知への意志』，新潮社

Foucault, Michel, 1984, *Histoire de la sexualité, tome* Ⅱ, *L'usage des plaisirs*, Paris: Èditions Gallimard. =1986，田村俶訳，『性の歴史Ⅱ 快楽の活用』，新潮社

Foucault, Michel, 1984, *Histoire de la sexualité, tome* Ⅲ, *Le souci de soi*, Paris: Èditions Gallimard. =1987，田村俶訳『性の歴史Ⅲ 自己への配慮』，新潮社

Freud, Sigmund, 1940-1948, *Gesammelte Werke, Bd. XI-XIV*, London: Imago Publishing Co., Ltd.. =1971，懸田克躬、高橋義孝訳，『フロイト著作集1 精神分析入門（正・続）』、1969 懸田克躬、高橋義孝訳，『フロイト著作集5 性欲論 症例研究』，人文書院

Frois, Luis, 1585, *Tratado em que se contem muito susintae abreviadamente algumas contradiçõs e diferenças de custumes antre a gente de*

Europa e esta provincia de Japão =1991, 岡田章雄訳, 『ヨーロッパ文化と日本文化』, 岩波文庫

Gay, Peter, 1984, *Education of the Senses: The Bourgeois Experience* vol.1, 2, Oxford: Oxford University Press. =1999, 篠崎実他訳, 『官能教育』1・2, みすず書房

Journal of the History of Sexuality, 1990-, University of Texas Press.

Kinsey, Alfred Charles, 1948, *Sexual Behavior in the Human Male*, Philadelphia and London: W.B.Saunders Company =1950, 永井潜、安藤畫一訳, 『人間に於ける男性の性行為』上・下, コスモポリタン社

Malinowski, Bronislaw Kasper, 1927/1953, *Sex and Repression in Savage Society, The International Library of Psychology, Philosophy and Scientific Method.* =1972, 阿部年晴、真崎義博訳, 『未開社会における性と抑圧』, 社会思想社

Malinowski, Bronislaw Kasper, 1929, *The Sexual Life of Savages*, 1987, Reprint edition. London: Beacon Press. =1971, 泉靖一、蒲生正男、島澄訳, 『未開人の性生活』, 新泉社

Mead, Margaret, 1949, *Male and Female*, New York: William Morrow& Co. =1961, 田中寿美子、加藤秀俊訳, 『男性と女性』上・下, 東京創元社

Rousseau, Jean-Jacques, 1766, *Les Confessions*, Paris: Bibliothèque de la Pléiade. =1965（1959年版の翻訳）, 桑原武夫訳, 『告白』上・中・下, 岩波文庫

爱德华·沃第尔·萨义德

第七章　东方是西方人的臆想：
爱德华·沃第尔·萨义德《东方主义》

"东方主义"是西方用以支配东方的认知框架

对帝国主义统治话语的重新解读，是后殖民主义式反抗的一种方式

◎ 爱德华·沃第尔·萨义德（Edward Wadie Said）

1935年出生于耶路撒冷，是巴勒斯坦籍的阿拉伯人。毕业于哈佛大学。自1970年以来，担任哥伦比亚大学英语和比较文学系教授。萨义德是20世纪最伟大的文学批评家之一，他确立了后殖民主义理论。除出版了许多与英国文学和文化相关的著作外，他还发行了不少关于巴勒斯坦问题的书籍。2003年，萨义德在纽约去世。他的很多书籍均被翻译成了日文，其中包括《遥远地方的记忆：自传》（美篇书房）、《人文学和批评的使命》（岩波书店）、《剥夺的政治》（NTT出版）等。

《东方主义》（*Orientalism*），出版于1978，日文版由板垣雄三、杉田英明主编，今泽纪子译，由平凡社出版于1986年，平凡社Library重版于1993年。

范式的转换

或许有些读者会感到奇怪，为什么爱德华·沃第尔·萨义德会被列入本书的第二部分"以'性别'的视角重审世界"中。毕竟，与专门从事性别研究的学者，以及米歇尔·福柯不同，萨义德并未从正面述及过性别（gender）或性（sexuality）的问题。

然而，我永远无法忘记自己在阅读萨义德的《东方主义》（1978年）一书时的激动心情。我情不自禁地将"女性"和"男性"代入他所写的所有关于"东方"（orient）和"西方"（occident）的论述中。而当我以这种方式阅读时，更加深刻地感受到《东方主义》这部著作对于分析性别问题的有效性。不过另一方面，萨义德所引领的后殖民主义批评，本身也从性别研究中汲取了很多养分。

正如福柯改变了"性"（sexuality）的概念范式那样，萨义德也使得"东方主义"（Orientalism）的概念发生了一百八十度的转变。在萨义德之前，东方主义指的是一门学问，即东方学，负责研究与东方（orient）和东方人（oriental）相关的学说和命题。而从事东方学研究的人被称作"东方学家"（orientalist）。

东方始于博斯普鲁斯海峡以东的土耳其。按照距离的远近，分为近东、中东和远东。日本位于远东。这种划分方式从何而来呢？自然是按照与命名者——西方的距离来决定的。然而奇怪的是，在被归为远东的日本，竟然也有一个"东方"学会。该学会由考古学、历史文化学研究者组成，主要以中东、近东为研究对象。如今在这片区域，有着作为新的"世界火药库"而备受瞩目的石油生产国，然而在不久前，无论对西方人还是日本人来说，它还只是一个充满异国风情的、难以理解的研究对象。更确切地说，日本人完全吸收了西方人的"东方凝视"，站在西方的立场看待东方。

正是萨义德，将"东方主义"的概念从"对东方的认知"转变为"'西方'对东方的凝视"。在那之后，再没有人认为"东方主义"（东方学）是一种知性的、客观的探索了。

萨义德的著名的"东方主义"定义如下：

> 东方主义是由西方支配、重构及压制东方的一种模式。
>
> （萨义德，1978=1986：4）

不论阅读多少东方学家写的书，都无法知晓"东方究竟是什么"，只能了解对于东方学家来说"东方应该是什么"、他们"希望东方是什么"，也就是说，我们只能通过东方学著作了解西方人的思维模式。

因此，东方主义（东方学）的研究并不是关于东方的研究，而是关乎西方人的欲望和权力的研究，因为东方不过是他们希望的模样。

1935年，萨义德出生于巴勒斯坦，他在埃及接受了大学教育，之后进入美国著名学府——普林斯顿大学和哈佛大学学习。从1970年起直到2003年去世，萨义德长期任教于哥伦比亚大学。

20世纪90年代中期，我在哥伦比亚大学做客座教授时，萨义德也在这所大学里任职。很长一段时间，我都以为他是一位历史学或区域研究领域的学者。因此，当我发现他是英语和比较文学系的教授时，很是惊讶。英语文学是一个神圣的领域，在说英语的国度被奉为"国文学"[1]。而任命一个非英语母语且出生于原殖民地的研究人员为英语文学系的正式教授，相当于在日本任命一个来自朝鲜半岛的人为日本国文学系教授。哥伦比亚大学英语和比较文学系以19世纪的英国文学（虽被奉为正统却早已衰落）

1　日语中的"国文学"指日本文学，此处仿照该说法，将用英语撰写的文学称作英语圈里的国文学。——译者注

为研究对象，他们以全新的方式重新解读英国文学的文本，从而吸引了众多的年轻才俊，现已成为美国著名文学研究中心之一。

本书第二部分第五章中将出现的印度后殖民主义批评家斯皮瓦克同样任教于该系。具有讽刺意味的是，由这两位原殖民地的非英语母语者进行的后殖民主义批评，出乎意料地带来了英国文学的复兴。我在哥伦比亚大学的时候，"东方主义"的冲击已席卷了各地，那时甚至还召开了以"后东方主义"为题的研讨会。

对于以创新为荣的哥大来说，任用萨义德是一个非常明智的商业策略。据说，以曼哈顿主要房地产所有者之一而闻名的哥伦比亚大学，在众多的房产中精挑细选，为萨义德和他的家人提供了一套位于一栋高层公寓顶层的复式住宅，且进行了重新装修。可见，萨义德是哥伦比亚大学想方设法希望留住的人才。

萨义德虽然在学术上获得了国际声望，但一生都未放弃过自己的"反抗精神"[1]。不，应该说正是因为有这种反抗精神，他才能够超越英语圈的"国文学"研究者这一身份，成为一名具有国际影响力的知识分子。他因严厉批判一直为以色列在巴勒斯坦的恶行辩护的美国，而受到美国保守派的迫害，但他也坚持反对美国对中东冲突（由以色列引发）的干预。在"9·11事件"之后，他勇敢地与美国日益增长的针对穆斯林的排外主义言行展开斗争。语言学家诺姆·乔姆斯基（Avram Noam Chomsky，1928—）、英国文学研究者三好正夫（1928—2009）是萨义德的盟友。大江健三郎（1935—）也是他的好友。

---

1 "反抗精神"一词源自译者大桥洋一。

东方人的历史作用

萨义德如此解释自己创作《东方主义》一书的"个人动机"：

> 我致力于这项研究的个人动机，是我的"东方人"意识，因为我曾在两个原英国殖民地度过童年。我在这些殖民地（巴勒斯坦和埃及）及美国接受的教育完全是西式的。（中略）但即使在这样的教育过程中，我也片刻都没有忘记自己身为"东方人"的文化现实，以及自己作为"东方人"的历史使命。
>
> （萨义德，1978=1986：25）

萨义德所著《文化与帝国主义》（1993年）一书的译者大桥洋一（1953—），在后记中如此描述"反抗文化"：反抗文化是一种反抗的形式，它了解支配性话语，深入其中，并将其转化为解放的话语。这种"反抗文化"，正如萨义德所实践的那样，"只能在帝国主义的内部而不是外部发芽，且唯有这样才更加有效"（萨义德，1993=1998：265）。

后殖民主义批评实践以这种反抗文化的"以彼之道还施彼身"为核心，这与我自身参与的女性学实践惊人地相似。少数女学生作为"不速之客"进入曾经满是男学生的前帝国大学中，学习如同外语一般的男性学术用语，并逐渐产生了违和感。然而，为了探明"父权制"这一男性统治制度的矛盾和问题，必须学习"他们的语言"。而为了让男性能理解自己所说的话，更是必须使用"他们的语言"。不过之后，这些女性用从男性那里学来的"武器"攻击了他们的致命弱点。[1]

---

[1] 西川祐子、上野千鹤子和荻野美穗合著的《生活在女性主义时代》（2011年）是三位历经女性学和第二波女性主义初创期的女性的回忆录。在这本书中，三人中年龄最大的西川祐子描述了自己在20世纪60年代进入大学时感到的困惑，那时鲜有女大学生。

如今，我更加明白了自己在撰写《父权制与资本主义》（1990年）一书时，为何以马克思主义女性主义理论为基础。我无法忘记一位男性知识分子在这本书出版后对我说的话，他说："读完这本书后，我终于明白了我的妻子一直在抱怨的到底是什么。"

言下之意是，他听不懂妻子的话，却能理解马克思的术语。如此，我的作品在男性语言和女性语言之间发挥了"翻译"的功能。

女性并非一直保持沉默，只是她们的声音没有被听见罢了。

性别化的东方主义

东方主义所描绘的"东方"是什么样的？萨义德借用了19世纪英国驻埃及总领事克罗默伯爵（Evelyn Baring）的观点，如此阐述道：

> 东方人是愚钝的，他们缺乏活力和主动性，沉溺于令人厌恶的迎合和阴谋诡计之中，惯于撒谎，麻木不仁，疑神疑鬼，在各方面都与盎格鲁—撒克逊人形成了鲜明的对比，与东方人相反，盎格鲁—撒克逊人头脑清晰、性情率直、品格高贵。

> （萨义德，1978=1986：39）

我不禁从性别的角度来解读这句话：女性是愚钝的，她们缺乏活力和主动性，沉溺于令人厌恶的迎合和阴谋诡计之中，惯于撒谎，麻木不仁，疑神疑鬼，在各方面都与男性形成了鲜明的对比，与女性相反，男性头脑清晰、性情率直、品格高贵。

事实上，萨义德本人也指出，东方主义与性别问题不乏相似之处：

> 东方主义本身是具有男性特征的领域。（中略）东方主义通过

性别歧视的有色眼镜来看待自身及与自身相关的主题。这点在旅行者
和小说家的著作中尤为明显。女性是由男性的权力幻想建构出来的生
物。她们首先是唯唯诺诺的顺从者，散发着无限的性魅力，或多或少
都有些愚蠢。

（萨义德，1978＝1986：213）

东方是被性别化了的存在，换言之，它被表征成了女性。

"东方的遥远、古怪、落后、事不关己的沉默吗，类似于女性一般的
被渗透性，以及无力的服从性"（萨义德，1978＝1986：211），构成了萨
义德所说的"潜在的东方主义"。

他引用了法国小说家居斯塔夫·福楼拜（Gustave Flaubert，1821—
1880）的埃及游记，作为旅行者和小说家笔下的东方主义的典型个案。
在埃及，福楼拜遇到了一个名叫库楚克·哈内姆（Kuchuk Hanem）的娼
妓，并把她作为埃及的象征加以表现。对福楼拜来说，东方是性爱过度
的、肉欲的、充满淫荡和诱惑的地方，他不能允许其他东方形象存在。

萨义德不忘指出，福楼拜"是一个外国男子，一个非常富有的人，但
他拥有的这些条件，源于统治的历史事实"：

由于这一事实，福楼拜不仅占有了库楚克·哈内姆的身体，而
且成为她的代言人，代替她来告诉读者自己如何具有"典型的东方"
特征。

（萨义德，1978＝1986：6-7）

读到这里，日本人或许会立即联想到普契尼（Giacomo Puccini，
1858—1924）的歌剧《蝴蝶夫人》（*Madama Butterfly*，1904年）。在这
部歌剧中，日本被表征为女性。而这位女性同样是肉欲且魅惑、令人怜爱

且顺从的，她"唯唯诺诺地顺从"男人，对男人（西方）来说是个"可以呼来喝去的女人"。同时，她是一位贞洁的女子，即使自己被欺骗、被背叛，也坚信男人也总会在"某个晴日"来找她，并殷切歌颂。这便是所谓的"大和抚子"[1]。直到2011年，日本国家女子足球队——"日本抚子队"赢得了世界杯，日本女性的形象才得以更新。

西方给东方分配的"历史角色"，或者说"指定席位"，只有美感和官能享受，其余则不被期待和允许。他们向东方寻求具有异国情调的美，却不找寻智慧和思想。他们最多只允许东方艺术和文学的存在，却不愿意学习东方的科学和理论。长期以来，我一直对日本学术界的"入超"（进口多于出口）状态感到疑惑，也曾好奇，为什么这么多研究日本的外国学者都是文学家？为什么日本文学作品的外译比日本研究类书籍、思想类书籍的翻译要多得多？但若将其理解为东方主义的原因，一切便解释得通了。东方没有能力代表（represent）自己，即使有，也不会被允许，因为只有西方才能代表和解释东方。

东方是位女性，是一个被凝视、被渴望的对象（客体）。与之相对，西方是男性，是凝视者，也是欲望的主体。萨义德在他的《东方主义》导言的开篇，引用了卡尔·马克思（Karl Heinrich Marx，1818—1883）的《路易·波拿巴的雾月十八日》（*The Eighteenth Brumaire of Louis Bonaparte*，1852年）中的一句话："他们（工人）无法代表自己，必须由别人来代表。"与工人一样，东方和女性也不能"代表"自己，因为他们不会使用统治者的语言。

当然，这并不是说东方没有自己的语言。但非西方的语言，即便是有，也不会被听到。倘若不学习霸权者的语言，发出的声音就会被抹杀。

---

1 日本传统优秀女性的代称。——译者注

即使是批判霸权者的言说，如果不使用他们的语言，便无法传递到他们耳中。英语作为一种通用语言的霸权就是这样被建立起来的。后殖民主义批评诞生于原殖民地的宗主国中，出生于原殖民地的知识分子，用原宗主国的语言开展后殖民主义批评，并非一种巧合。

　　然而，正如字面所述，历史上确有"无声"之人。如果历史出现在书面资料诞生之后，那么那些没有留下书面记录的人，就不会出现在历史中。而女性史研究，正遭遇了这种困难。

　　专门研究中世纪女性史的法国社会学家米歇尔·佩罗（Michelle Perrot，1928— ），就遇到了这样的困难——欧洲中世纪没有多少女性书写的文献。只能找到由某些男性书写的女性的表征，而这些男性还是些注定孤独终老的神父。佩罗和历史学家乔治·杜比（Georges Duby，1919—1996）主编了"女性史"系列丛书[1]，其中《中世纪》的两卷由克里斯蒂娜·克拉皮什—祖贝尔（Christiane Klapisch-Zuber）担任编辑，她如此讽刺地写道：

> 在中世纪，男性有发言权。（中略）他们告诉人们如何思考女性，如何思考"女性这种生物"。（中略）在中世纪，他们的言论形塑起一个阶层的男性想法和形象，他们出于自己的意愿而拒绝社会，并被迫成为独身主义和童贞的保有者。
>
> （克拉皮—祖贝尔，1991=1994：23）

　　另一方面，还存在这样一个事实：佩罗等人通过出版"女性史"（忠于原名可直译为"西方女性史"）系列丛书，构建起一个虚构的"西方"身份。

　　1　"女性史"自1990年开始陆续出版了意大利语版本，共五卷，分别为：古代、中世纪、16至18世纪、19世纪和20世纪。日文版于1994年开始陆续出版，其中全五卷共十册和别卷第二册等大部分由藤原书店出版。

东方和西方之间的权力平衡

在理解东方主义时，萨义德设定了三个限定条件：

第一，不能将东方主义看作一种没有具体所指的单纯的西方臆想。验证东方主义所表征的东方与实际的东方之间是否一致并没有意义。相反，我们应该质疑的，正是东方主义这一话语形成过程中的整合性以及观念的集合性问题。

第二，我们不能忘记，东方主义不仅仅是一种话语，它本身还是一种具有胁迫性的权力。"西方和东方的关系是一种权力关系、支配关系，以及程度不一的复杂的霸权关系。"（萨义德，1978=1986：6）

第三，不能把东方主义看作单纯的虚构或神话。东方主义不是"欧洲人以东方为题材编写的幻想故事"，而是一种西方自我意识形成过程中的核心话语，他们通过研究何为东方来定义何为西方。也就是说，所谓东方主义，必须保证"西方作为统治者的优越性"。

"欧洲文化通过疏远东方这一可被代言，甚至隐藏自我的对象，获得了自身的权力和身份"（萨义德，1978=1986：4），可见，西方需要利用东方来进行自我定义。

萨义德的方法论受到了福柯话语分析的影响，因为正是福柯一语道破了"认知即权力"的运作模式。

性别与"反向东方主义"

上述关于东方主义的论述，与性别研究有惊人的相似，故借用如下。

首先，男性关于女性的言说不应该被视作单纯的"男性臆想"。验证女性的相关表征与现实中的女性是否一致是没有意义的。这一点使得《男流文学论》（上野、小仓、富冈，1992年）（我是该书的合著者之一）中的文学批评在如今显得格外稚嫩。看着男性作家描绘的女性形象，批判说"怎么可能有这样的女人？"并不是女性主义批评的主旨，女性主义批评应该做的，是破译这些男性话语中的"女性之梦"。而我在上文中已经提到，明确指出这一点的，是水田宗子的《逃向女人与逃离女人》[1]一文。

其次，我们不能忘记，社会性别是掌权者和统治者的语言。社会性别不单单是一个中性的分析概念，而是霸权性（支配性）话语实践的场所，这些话语通过性别对周边状况进行定义。

再者，社会性别也是通过将女性客体化来构建男性身份并使之成为主体的关键。男性为了确立自身"高贵"的身份，需要女性这种"低等的他者"来衬托。无论男性气质和女性气质是多么本质主义的毫无根据的妄想，但由于它们使男性的自我定义成为可能，所以我们仅仅批判说它们是由社会建构的、是虚构之物是不够的。

这样的类比并没有偏离萨义德的本意，因为萨义德本人也认为后殖民主义批评的最佳实践，体现在女性文学家的作品中，如英国作家弗吉尼亚·伍尔芙（Adeline Virginia Woolf，1882—1941）、美国作家托妮·莫里森（Toni Morrison，1931—）等。我们甚至可以这样怀疑：萨义德是否在他的东方主义理论中挪用了性别研究的成果？这样说并非要诋毁萨义德的工作，因为后殖民主义批评和女性主义批评是在相互学习的过程中成长起来的。

东方主义有其衍生产品。一是东方形成了从属的自我意识；二是东方也对他者进行东方主义式的实践；三是东方的自我东方化，是主体通过服从于客体而实现的一种主体化。

1　见本书的第一部分。

第一点是一种奴隶思想。面对以"普遍"自称的西方，东方通过接受和服从西方的霸权，来确保霸权给予自己的"指定席位"。简言之，这是一种西方崇拜主义、一种舶来信仰主义（Occidentalism）。因为存在同意且服从它的人，内含东方主义的霸权才得以成立。

第二点，日本的东方主义就是一个很好的例子。社会学家小熊英二（1962—）在其著作《"日本人"的界限》（1998年）一书中，将日本描述为一个"有色帝国主义（colored imperialism）"国家。小熊指出，一方面日本是西方的东方主义凝视的对象，另一方面日本自身也对亚洲邻国践行了东方主义。日本的殖民地被其女性化和去权力化。

女性化的过程伴随着审美化，殖民地的文化和艺术因而得以保存，因为它们被视为非政治性的。从这个角度看，由哲学家柳宗悦（1889—1961）等人倡导的试图拯救韩国民间艺术的"民艺运动"，也可以被视作东方主义审美化的一种实践。

韩国比较文学研究者朴裕河（1957—）在其著作《国家认同与性别》（2007年）中指出，柳宗悦不仅用女性化的表征来形容自己高度赞扬的李氏王朝的陶器，而且还用女性化的称呼"她"来指代整个朝鲜。

> 尽管柳宗悦确实向朝鲜艺术"致敬"、"尊重"其"传统美"，但他的这种"尊重"，只是一种让朝鲜自愿进入"从属"结构的行为。
>
> （朴，2007：297）

若是如此，柳宗悦的民艺运动便也可以解释成殖民主义实践的补充，而不是反抗殖民主义的实践。

至于第三点，强调日本特殊性的各种理论都可归属于这一类。只有西方才有资格声称"普遍"，而东方是被西方"特殊化"的存在。西方说，日本很特殊。于是，日本回应说，没错，我们是特殊的，所以你们不可能理解我们。这是一种反向利用东方主义的话语来使双方的差异本质化的话语战略，一种通过落入对手的陷阱来维护自己仅存的自尊的卑微的生存策略。我将其称为"反向东方主义"。

研究日本的外国学者多次证明了这种"反向东方主义"的顽固。当外国人告诉日本人自己"正在研究《源氏物语》"时，日本人便会回应道："哦？你尽管是个外国人，但还挺懂物哀之美的嘛。"因为日本人认为，外国人是无法理解日本文学，尤其是古典文学的，那可是日本人的灵魂所在。"你的日语真不错啊！"这一反应也是同理。因为他们认为，唯有日本人，才可以使用日语这种特殊的语言。

父权制下的反抗模式

这是一种"角色扮演"（cosplay）式的战略：自发地接受霸权者给予的"指定席位"，并代入角色夸张地进行表演。我们可以很轻松地将这一战略代入性别研究的领域。

男人说："女人是个谜。"

女人便回答道："嗯，女人就是个谜。"

这是一出拙劣的猴戏。剧本是由男人事先写好的，对于女人来说，通过演绎男人的剧本去欺骗一个想要被欺骗的男人，是件十分容易的事。但问题是，这并不能持续一生。

女性主义评论家黑泽亚里子（1952—）在其论述《智惠子抄》[1]的著作《女人之首》（1985年）的过程中，将智惠子发疯的原因归结于这样一

---

1 高村光太郎的诗集。——译者注

个悲剧：与高村光太郎扮演"对幻想"的智惠子，在登上高处后被拿走了梯子，所以无法回到现实中来。智惠子死后，光太郎自我放逐到东北苦寒之地，他试图通过雕刻智惠子的头像、睹物思人，来继续霸占智惠子的人生。黑泽从中看到的不是男人的浪漫爱情，而是无尽的利己主义。

但通过夸张的表演，"恶搞"有时也可以成为一种强有力的批判。应该称之为"变装皇后"（Drag Queen）[1]战略。

再举一个后殖民主义女性主义批评实践的例子。圆地文子（1905—1986）的《女坂》（1957年）描绘了在父权制下呻吟的日本女性的忍耐和郁闷。原本在我看来，这是一部乏味的作品。然而，在一次学术研讨会上，一位年轻的女性研究者的解读令我大开眼界。

主人公白川伦因自己无法生育而为丈夫寻找小妾，并接受了妻妾同居的生活。在临终前，她让身边的女人给告诉丈夫：

> "请把我的尸体'咚'的一声扔进大海……'咚'的……"

> （圆地，1957，1961：224）

妻子身为女性的骄傲被丈夫践踏，被当作毫无价值的东西对待，于是，她主动将丈夫的言行转换为自己的表演——如你所愿，就把我当成无用之物埋葬了吧。在这种父权制下的"角色扮演"中，男人不得不面对自己的丑恶嘴脸。这便是女人的战略，看似彻底的服从，实则是彻底的反抗。

妻子"夸张"地接受了丈夫自私专横的期待，将自身主体化于父权制下的正妻之位，但这同时也是其主观能动性（agency）的体现。正是在这种主观能动性的作用下，父权制剧本的怪诞之处被揭露得体无完肤。这就

1　指男同性恋者身穿夸张的女装进行表演，下一节塞吉维克的部分也有出现。——译者注

是"以彼之道还施彼身"的反抗模式及后殖民主义女性主义批评实践的最佳例证之一。

参考文献

上野千鶴子，1990，『家父長制と資本制――マルクス主義フェミニズムの地平』，岩波書店

上野千鶴子、小倉千加子、富岡多惠子，1992，『男流文学論』，筑摩書房

円地文子，1961，『女坂』，新潮文庫

小熊英二，1998，『〈日本人〉の境界』，新曜社

黒澤亜里子，1985，『女の首――逆光の「智恵子抄」』，ドメス出版

西川祐子、上野千鶴子、荻野美穂，2001，『フェミニズムの時代を生きて』，岩波書店

朴裕河，2007，『ナショナル・アイデンティティとジェンダー――漱石・文学・近代』，クレイン

水田宗子，1993，『物語と反物語の風景』，田畑書店，（天野正子他編 2009『新編 日本のフェミニズム11　フェミニズム文学批評』「女への逃走と女からの逃走」岩波書店所収）

Duby, Georges, et Perrot, Michelle eds., 1991, *Histoire des femmes en Occident*, t. 2, Le Moyen Âge, Paris: Plon.=1994 杉村和子、志賀亮一監訳『女の歴史Ⅱ　中世』，藤原書店

Marx, Karl, *Der 18.Brumaire des Louis Bonaparte*, Sammlung Insel 9, Frankfurt am Main 1965, S. 7-8 = 2008，柄谷行人付論、植村邦彦訳，『ル

イ・ボナパルトのブリュメール18日』，平凡社

Said, Edward W., 1978, *Orientalism*, New York: Georges Borchardt Inc..=1986，板垣雄三、杉田英明監修、今沢紀子訳，『オリエンタリズム』，平凡社

Said, Edward W., 1993, *Culture and Imperialism*, New York: Alfred A. Knopf.=1998・2001，大橋洋一訳，『文化と帝国主義』1・2，みすず書房

Said, Edward W., 2006, *On Late Style*, London: Bloomsbury Publishing Plc.. = 2007，大橋洋一訳，『晩年のスタイル』，岩波書店

伊芙·科索夫斯基·塞吉维克

第八章 恐同与厌女:
伊芙·科索夫斯基·塞吉维克《男人之间》

和同性恋似是而非的男性间关系——男性同性社会性欲望

从19世纪英国文学中解读出的男性连带关系、恐同及厌女的三位一体结构

伊芙·科索夫斯基·塞吉维克(Eve Kosofsky Sedgwick)

1950年出生于美国俄亥俄州,社会学家、文学研究者。毕业于耶鲁大学研究生院,曾任杜克大学教授、纽约市立大学研究生院英国文学教授。塞吉维克确立了男性同性社会性欲望理论和酷儿理论,在国际上获得了极高的评价。2009年她在纽约去世。塞吉维克被翻译成日文的著作还有《暗柜认识论》(青木社)。

《男人之间》(*Between Men: English Literature and Male Homosocial Desire*),出版于1985年,日文版由上原早苗、龟泽美由纪译,由名古屋大学出版会出版于2001年。

酷儿批评的登场

阅读《男人之间》（1985年）时，我终于解开了心中多年的谜团。

原来如此。原来我一直以来憎恶的，并非男性同性恋，而是男性同性社会性欲望。男性同性社会性欲望指的是"克制了性欲望的男性之间的联结"，而男性同性恋指的是"男性之间的爱恋"，两者似是而非。赋予这两种不同现象以不同概念，从而将其区分开来的，是一位研究英国文学的美国人——伊芙·科索夫斯基·塞吉维克。她是一位不太为人所知的女性主义研究者。

塞吉维克认为，如果性（sexuality）是由社会建构的话，那么它就应该有相应的历史。于是，塞吉维克从19世纪的英国文学文本入手，探究性的历史，因为19世纪正是以异性恋为基础的近代家庭形成的重要历史时期。《男人之间》一书的副标题为"英国文学与男性同性社会性欲望"，涉及的作品有莎士比亚（William Shakespeare，1564—1616）、查尔斯·狄更斯（Charles Dickens，1812—1870）、奥斯卡·王尔德（Oscar Wilde，1854—1900）等人撰写的英国文学经典著作。美国女性主义批评家伊莱恩·肖沃尔特（Elaine Showalter）将女性主义批评分为两大类，即狭义的女性主义批评（用性别的视角重新审视男性作家的经典名著）和以女性作品为研究对象的女性主义批评（重新评价未能受到重视的女性文学），塞吉维克的尝试属于前者。

塞吉维克同时也是一位酷儿批评家。酷儿批评从女性主义批评中发展而来，女性主义批评把gender（社会、文化上的性别差异）作为分析对象，而酷儿批评则在种种言说中探讨不能被归在性别二元论（男性与女性的二分）里的非异性恋的性，即女同性恋、男同性恋、双性恋、变性者的存在方式。

　　酷儿（queer）一词在日语中是"变态"之意。正如男同性恋者反过来利用歧视性的目光自称"okama"（男同性恋）那样，性少数群体也将他人投射在自己身上的"倒错"（perversion）、"异常"（abnormality）的目光为己所用，自称"变态"，可谓一种扰乱视听的话语战术。而这一战术，与男同性恋者中的"变装皇后"通过大量的女装表演，恶搞性别二元论秩序的做法不乏相似之处。"怎么样，这样看起来就像女性了吧？"变装皇后们通过恶搞，揭露出性终归只是一场角色扮演罢了。由此，我们不难理解为何酷儿批评是从女性主义批评中诞生的，而在塞吉维克之后担起酷儿批评重任的又为何主要是女同性恋者。

何谓异性恋秩序

　　酷儿研究是性（sexuality）研究的一个组成部分。提起性研究，或许会有人武断地将其视作关于男同性恋、女同性恋等性少数群体的研究。但若要追问"性少数人群是如何被归为少数派的？"，我们就需要将异性恋制度作为分析对象置于俎上。因为，正是异性恋的规则把无法被归为异性恋的各种性爱视为异常的、病态的存在，而性研究的核心问题，便是破解异性恋之谜。

　　由于性别（gender）研究和性（sexuality）研究的开展，一直被视为理所当然的异性恋，逐渐被加上了"异性恋秩序"（heterosexism）"异性恋规则"（heteronormativity）"强制式异性恋"（compulsory heterosexuality）等称呼。异性恋是制度、是规则、是强制、是压迫。尽管如此，却没有人出来质疑异性恋，因为异性恋的观念已经被自然化、本能化了。

　　塞吉维克一语道破了"男性同性社会性欲望"（男性之间的连带关

系，homosocial）和"恐同"（同性恋憎恶和恐惧，homophobia）的本质——把男性引向异性恋的制度。同时她还指出，"厌女"（厌恶女性，misogyny）这一概念发挥着媒介的作用，在厌女症的作用下，男性和女性被强制进行异性恋。

所谓异性恋，是指在性别二元论基础上将男和女一一配对的制度。它通过让男女成双入对地组建性关系，完成了对婚姻和家庭制度的构建。异性恋制度，实则是一种由"禁止"和"命令"构成的规定，让人们必须对与自己"相异的性别对象"产生欲望。

正因如此，在弗洛伊德的《性欲论》[1]中，选择谁作为性欲对象的所谓"对象选择论"成为核心内容。对异性产生欲望的人被视为正常人，而对异性以外的对象产生欲望的人则被视为异常的，并被进行病理分析。于是，同性恋者作为需要治疗和矫正的对象，被送到精神科医生那里。在没有专门治疗方法的精神治疗过程中，他们会遭到电击，这种"治疗"方式与拷问并无二致。结果，"患者"们变得畏缩、老实，人们便认为是治疗起到作用了。这样的野蛮的时代一直持续到1973年。这一年美国精神医学会终于在DSM-Ⅱ分类（精神疾病的诊断与统计）中将"同性恋爱"从疾病列表里删除。在当时的社会中，宣布自己是同性恋需要极大的勇气。至少，公开声明自己是男同性恋或女同性恋，便意味着社会性死亡。

塞吉维克意识到，异性恋并不是"男女之间的性爱关系"，而是"以女性为媒介的男性之间的联结"。为此，她援引了法国文学理论家勒内·基拉尔（René Girard，1923—2015）的"欲望三角形"（塞吉维克称其为"性爱三角形"）理论。在"欲望三角形"中，欲望的主体是男性，

1　性科学的滥觞是《性的病理学》，《性的病理学》对异常的性进行了定义。弗洛伊德从19世纪的研究者的成果中继承了性科学的心理学研究，将神经疾病和恋物癖解释为诸多性倒错形态中的一种。

女性只不过是欲望的客体。通过对女性的欲望，数名男性彼此确认了身份，他们都是拥有共同价值观的欲望主体。正是为了建立这种男性之间的联结，男人才会对被其他男人视为有价值的欲望客体（女性）产生欲望。在这种男—女—男的"性爱三角形"中，男性们是性的主体，而女性却只能沦为性的客体。

人类学家们也从克洛德·列维－斯特劳斯（Claude Levi-Strauss，1908—2009）的"女性交换"理论[1]出发，把结婚看作"男性和男性之间交换女性的行为"，而不是"一对男女的结合"。

仿效这一观点，塞吉维克如此写道：

> 所谓交换女性的做法，是为了加固男性之间的连带感，将女性作为可以交换的象征性财产使用，从而达成其根本目的。

（塞吉维克，1985=2001：38）

换言之，婚姻并不是一对男女之间联系的纽带，而是通过交换女性建立起的两个男性（两个男性集团）间的联结，女性只不过是男性间关系的媒介罢了。婚姻里潜藏着男性间的纽带这一本来目的，异性恋者中的男性真正想要联结的对象并不是女性，而是同性别的男性。

塞吉维克的观点中包含以下三个概念的组合：一是男性之间互相认可对方是男人的连带感。塞吉维克将其称为"男性同性社会性欲望"（男性之间的纽带）；二是为了让男性的欲望朝向女性，所以禁止对同性别的男性产生欲望，即"恐同"（同性恋恐惧）；三是将被排除在男性间连带关系之外的、作为欲望对象的女性他者化，即"厌女"（女性嫌恶）。这便

1　列维－斯特劳斯在《亲属制度的基本结构》中指出：只要婚姻是"女人的交换"，那么"无论在什么社会中，女人都无法摆脱他者（外人）的身份"。构成婚姻的交换关系，并非成立于男女之间，而是成立于两个男性集团之间。女性是交换的对象，而非交换的当事人。

是"男性同性社会性欲望、恐同、厌女"的三位一体结构。

简言之，男人互相认可，彼此之间建立起连带感，而只有"物化女性"的男人，才拥有加入这个男性集团的资格。同时，男性间潜藏着对彼此产生性欲望的可能性，于是这种性欲望时时会被检查、被排除。唯有这样，异性恋制度才能得以维持。这是男性对同性恋者的歧视和排挤，他们调侃着"你该不会是男同吧"；不仅如此，对男同的厌恶之感已深深地烙印在他们的身体之中，令他们本能地检查彼此。

从这个角度来看，便不难理解为何很多强奸案都采取了轮奸的形式。有关强奸的研究表明，强奸并非出于性欲。强奸是将女性彻底差别化、他者化来对待，对其进行侮辱的仪式。通过与其他男性共有这种对女性的他者化，男性间的连带关系得以生成。例如彦坂谛（1933—）所述的战时强奸，即第二次世界大战中日本士兵强奸亚洲女性的恶行（《男性神话》，1991年）；Super Free社团事件，也就是早稻田大学的男学生对女学生的集团性强暴事件；等等，都说明了这一点。如今，年轻人中仍时有轮奸案发生，每当我接触到此类报道，常常不由自主地心生这样一个疑问：面对被殴打过的、烂醉如泥的女性，男性真的会产生性欲吗？反言之，在即使在那样的状况下也能产生性欲、合伙侵犯女性的男人之间，构成的那种"互相承认是男人"的同盟关系，才是所谓的男性同性社会性欲望吧？

福柯在《性史（第二卷）：快感的享用》（1984年）中探究了"不同样式的性（sexuality）"。他在研究古希腊时发现了少年爱的存在。在被称为"阿佛洛狄忒之业"的各种爱的行为中，古希腊人最看重的不是异性恋，而是少年爱。

古希腊人认为，各种爱恋之中，异性恋的价值是最低的，它不过是为了履行婚姻义务而进行的行为而已。因此，在希腊语中，"familia"（家族）一词曾是包含了妻子、儿女、奴隶、家畜的集合名词。也就是说，妻子只不过是进行再生产的工具，是作为自由民的男性家长的财产的一部分。女性献出的爱，在身为自由民的少年献出的爱的面前不值一提。

弗洛伊德将"欲望"分为"同化"（identification）和"性欲发泄"（libido cathexis）。只有渴望与"父亲那样的男人"同化，将"母亲那样的女人"视作爱恋对象的性的主体，才会被认为是"正常发育"的个体。而不能区分同化对象和爱恋对象的人（同性恋者），则会被定义为身患发育性疾病的个体。但在少年爱中，少年在想成为与年长男性一样的人的同时，也将年长男性作为爱恋的对象。对古希腊自由民（男性）这样的同性社会性（男性）集团来说，"男性性"的同化和爱恋具有一致性，故而最容易形成自我陶醉的独立世界。而且，为了排除有可能威胁到成年男子的"男性性"的风险，少年爱的关系（年长男子和年少男子）由年龄大小决定，双方的关系是不可逆、不对称的。还有一点，在这种充满同性社会性欲望的集团中，女性丝毫没有立足之地。

男性同性社会性欲望与男性同性恋

在我还未能区分男性同性社会性欲望和男性同性恋的概念时，曾犯下了"同性恋歧视"的过错，并因此遭到了男同性恋和女同性恋当事人的严厉批评。[1]

我也曾犹豫过是否要提及自己早期作品中那些草率的发言，但为了自我批评，还是引用一下。

> 对于同性恋伴侣，法律是绝对不会承认的。与因循守旧的法律一样，我自己也不会给出"同性恋只不过是多样的、自然的爱情中的一

---

1 关于对上野的批判及上野的反驳，请参照上野的《发情装置》一书（1998年）。

种"这类看似通情达理的意见。

（上野，1986：13）

现在很多国家都已经颁布了承认同性伴侣婚姻权利的相关法律。法国于1999年颁布了PACS法[1]，将与合法婚姻的同等权利赋予任意性别的伴侣。荷兰和挪威也逐渐承认了同性婚姻。

我25年前写的文章，如今看来已经显得陈旧古板了。当时人们将异性恋看成以种族繁衍为目的的自然现象，将婚姻看成以再生产为目的的唯一制度。我的局限性就是源于当时这样的认知。仔细想来，再生产和性，以及作为制度的婚姻与现实里存在的性行为之间是有区别的，其中必定会存在多样性的关系。性研究的开展，使得异性恋制度得以"去自然化"（脱离不言自明性）。

后来我才觉察到，当时让我感到不快的，其实是男同性恋者的厌女症。引用一下我在上述同一篇文章中写下的话。

几乎所有同性恋者都会嫌恶、侮蔑异性，而自恋般地赞美与自己同一性别的人。

（上野，1986：13）

再后来，我意识到当时自己批判的对象是男性同性社会性欲望，而非男性同性恋，是因为我接触到塞吉维克的书，我才了解到这两个概念的区别。

塞吉维克称，自己是试图搭建一个平台，使"女性主义和反同性恋恐惧"这两个立场的人能够在一起并肩作战，才写下了《男人之间》这本书的（塞吉维克，1985=2001：i）。想要建立男性同性恋者与女性之间的连

1　PACS法是2013年法国同性恋婚姻法出台以前，实行的一种过渡措施。——译者注

带感并非易事，因为男同性恋者中不乏厌恶女性之人。

当时，在美学的表征世界中，常常出现诱使人们混淆男性同性社会性欲望与男性同性恋的构图。比如，虽然卢基诺·维斯康蒂导演的影片《纳粹狂魔》（1969年）里展现了纳粹亲卫队员中的男性同性恋关系，而事实上，最先将同性恋者们送去纳粹集中营的正是他们。日本的侠义电影也描绘出差一点就互生爱恋的男人们的仁义之情。在日语中，"恋"原本指代男性对男性的爱慕之情，如在描写江户时代武士道的《叶隐》一书中提到的"忍恋"（暗恋），指的就是男人对男人的情愫。男人会为了彼此认可的男性断然拒绝女性，踏上赴死之路。为何如此呢？因为比起与女人的性爱，男人之间的盟誓才更有价值。

出柜与隐私

虽说有些主观，但我对"'同性恋只不过是多样的、自然的爱情中的一种'这样看似通情达理的意见"（上文中的引文）感到违和，并非毫无根据。现在想来，其根据便在于"出柜"（off-the-closet，从柜子中出来，即公开承认自己是同性恋）这一行为的目的，绝不是要求大家承认自己是"多样的、自然的爱情"中的一种。对于男同性恋者的出柜，或许最糟糕的反应之一就是"哦？那又怎样？你有没有'出柜'跟我完全没有关系啊！"同样，"无论是同性恋还是异性恋，都是多样的自然爱的一种，对吧？"这样的反应也会让同性恋变得自然化、去政治化，从而削弱了"出柜"的话语力量。

酷儿研究试图通过让异性恋"去自然化"，实现同性恋的"去自然化"，因为同性恋是被异性恋定义为"少数派"的。出柜行为本应是一种战略，它通过颠覆异性恋和同性恋的边界，一举使得异性恋（以及同性恋）制度去自然化。可是，由于诸如"这又怎样？跟我没关系"这样使其无效化的言论，同性恋又被塞回了好不容易走出的柜子里。

塞吉维克在《男人之间》之后撰写的《暗柜认识论》（1990年）中，论述了这种"隐私"之名下的压迫结构。对于异性恋者而言，暗柜即隐私。但据塞吉维克所述，对于同性恋者来说，暗柜意味着"压迫"。女性主义之所以高举"个人即政治"这一大旗，是因为"隐私"这个概念，正是将性驱逐出公共领域、封印在私人领域，从而让其远离政治领域的最强话语战术。而且，如果将异性恋中的性别非对称性（男女权力关系的不平等）导入隐私领域的话，便会出现这样一种情况——隐私对于异性恋中的男性来说，意味着毫无约束的专制统治，而对于异性恋中的女性而言，却意味着暴力横行的"法外之地"（上野，《为了生存下去的思想》，2006年）。

同性恋者的诞生

但是，在日本语境下论述男性同性社会性欲望与男性同性恋两者的关系时会有所不同，因为从古至今，在日本，同性恋都是被容许的。

社会学家古川诚（1963—）在《同性恋的社会史》（1993年）一文中写到，日本"真正的同性恋者"诞生于大正十一年（1922年）。之所以可以附上年号认定"同性恋者的诞生"，是因为在公共媒体上第一次出现了"苦恼的同性恋者"的身影。这一年，在大正时代的通俗性欲启蒙杂志《变态性欲》上，刊登了下面这则匿名投稿。

> 我因自己变态的爱恋备受折磨、十分苦恼。（中略）您对这种情况甚是了解，所以我向您倾诉一切，感觉至少能抚慰一下自己的心

灵。（中略）您觉得我该怎么办呢？我真的很苦恼。

（古川，1993，2009：229）

古川诚之所以认为这篇投稿是"真正同性恋者出现的开端"，是因为投稿者不仅承认自己是"同性恋者"，还将同性恋行为视为不符合规范的行为，进行自我谴责，从而确立了自己性少数人群的身份。正如古川指出的那样，日本同性恋者诞生于大正年间，在那之前，日本虽有"同性恋"的概念，却未有"同性恋者"的存在。在这种情况下，"男性同性恋者"与"将恐同内化的人"同义。通过恐同，男性同性社会性的联结与男性同性恋关系被区分开来。

同样，在异性恋秩序下，"女人"与"将厌女内化的人"同义。恐同和厌女，将女性和带有女性气质的男性排除了出去，以维持男性同性社会性这一社会秩序的正常运转。

美国的金赛等人早就揭示出"同性恋行为"和"同性恋者"（作为同性恋者的身份认同）是相互独立的事实。据最初的人类性行为调查报告——金赛报告，即《人类男性性行为》（1948年）所述，虽然全体男性中，有10%的男性曾有过一次以上的同性恋行为的经历，但是他们并没有因此觉得自己是同性恋者。

研究团队的成员们实施了大规模的科学调查，并将调查成果汇总为《美国性爱》[1]（1994年）一书。他们认为，是不是同性恋者，需要通过性欲望、性行为、性身份三个变量来进行判断。

如果某个人符合三个变量中的任意一个，那么这个人就会被归为同性恋者。如此，既有可能存在对同性具有性欲望、与同性有过性行为，但性

1　原本，这个打着"后艾滋时代的流行病学调查"旗号的调查中，调查的重要课题特别指定为同性恋，因为他们是艾滋感染源的高危群体。

身份认同与同性恋者完全不一致的人；也有可能存在性欲求和性身份认同是同性恋式的，但从未和同性发生过性行为的人。

通过将同性恋"关进柜子里"，异性恋秩序被自然化。所以，异性恋秩序是同性恋产生的原因，而非结果。

日本的厌女

社会学家前川直哉（1977—）有一本著作与塞吉维克的书名类似，叫作《男性的连带关系》（2011年），在该书中，前川描写了日本同性恋的历史。不，这种说法并不准确。如"男性的连带关系"这一书名（书名可谓一语中的）所示，作者在书中将明治时代以来的男性同性社会性欲望的内部结构置于俎上，这种男性同性社会性欲望通过恐同和厌女，排斥了同性恋者和女性。可见，作者想要诘问的并非同性恋，而是异性恋秩序。

在近代社会以前的日本，男性兼好男色和女色是件寻常的事情。井原西鹤的作品《好色一代男》的主人公"世之介"回忆说，在他六十载生涯中，与多达3742名女性以及725名少年同床共枕过。好色谈话《野倾论》中，也涉及过这样一个讨论：是将男娼作为性爱对象好，还是将妓女作为性爱对象好？不过，到江户时代为止的男同性恋与希腊的少年爱一样，年长者与年少者之间是不可逆的非对称关系，这与如今大家熟知的男性同性恋的关系（gay sexuality）有所不同。

前川细致地梳理文献资料，论证了延续至江户时代的这一传统如何被明治时代的学生文化所传承。在明治时代的学生文化中，男色比女色的地位更高。喜好男色的人被称为"硬派"，沉溺女色的人则被称为"软派"，遭到轻视。

上文提到的古川诚也在研究中指出，明治时代创设的帝国海军，承袭了海军军阀——萨摩海军的"兵儿二才制度"[1]（士族子弟的文武教育），有着选拔美少年的传统。他们在招募新兵时，对相貌有明确的要求。

喜好男色的传统被异性恋秩序取代，是在近代化过程中发生的事。到了近代，男性对女性产生欲望、所有男性与女性一一配对变得理所当然。女性的存在理由便是成为男性的性欲对象，即性的客体。这就是所谓的异性恋规则。如此，公共领域被男性集团占据，女性被封闭在私人领域中。一对男女带来了公私领域的分离及性别的分工，在此基础上，近代家庭诞生了。

前川有个有趣的发现：职场女性因结婚而辞职时大家都会送上祝福，这是因为该女性从原本不属于女性的领域（公共领域）回到了女性的指定领域（私人领域）。此外，对男人而言，说荤段子是为了进行集团性自我审视，从而确认彼此都是异性恋者。每当被问及"你有女朋友吗？"时，男性同性恋者为了获取加入男性同性社会性集团的资格，不得不去践踏心中的"圣像"。

无论什么研究都需要范本。正是由于遇到了塞吉维克的《男人之间》，我才能写下《厌女：日本的女性嫌恶》（2010年）一书。

misogyny一词被翻译成"厌女/女性嫌恶"，它与"男性的优越性、女性的从属性"（male dominance/female subordination）、"男尊女卑"等词同义，有时甚至会成为"憎恶女性"（woman hating）的近义词。然而，厌女并非仅仅指代一种现象，它是一个分析概念，这一概念通过"男性同性社会性欲望、恐同、厌女"三位一体的结构，从男性气概的形成过程，分析被视为理所当然的异性恋规则。

---

1 在萨摩藩，六七岁到15岁的被称作"兵儿"，15岁到25岁的被称为"二才"。——译者注

在《厌女》一书中，我将厌女这个概念作为工具，深入剖析了现代日本社会的种种性现象。这把工具极为锋利、直击要害，却也反过来证明了当今日本异性恋秩序有多么牢固。《厌女》中几乎没有提及"女性主义"和"社会性别"（gender），可能正因如此，这本本属于女性主义范畴的著作，超乎我们想象地在其他领域流通。

完全不了解女性主义的年轻女性读者觉得这本书很是新鲜，一些20岁到30岁的年轻女性读后反馈说"心里痛快极了""真是切中要害"，或许因为"厌女"的概念可以很好地阐释她们的经历吧。

《男人之间》是以18和19世纪的英国文学作品为基础、实践了酷儿批评的著作。如果说借鉴了《男人之间》中的分析概念的《厌女》一书，很好地说明了21世纪日本年轻女性的经历的话，我们不得不感叹，这200多年来，世间竟然没有发生什么改变。

不过，我的《厌女》并不只是塞吉维克著作的翻版。我的创新之处在于，除了对具有同性社会性欲望的男性之厌女症进行了分析外，还论述了女性自身的厌女症，即女性的自我嫌恶。如果说厌女是"男性的阴暗部分"，那么厌女也是"女性的羞耻部分"。厌女对于男性和女性而言，有着非对称性的意味。塞吉维克只将男性的言说作为研究对象，而我在其基础上，加入了对女性言说的分析。

"歧视"这一行为最大的破坏力，在于造成当事人对自我的否定。厌女这个概念有效地分析了以下这些问题：女性何以贬低女性自身？女性为何难以接受自己为女性？女性成为女性之敌的机制是什么？女性主义书籍考虑到政治正确（politically correct），往往只从肯定女性的侧面去分析，而厌女这个概念，却令剖析女性想要隐藏的阴暗部分成为可能。如果没有内化了的厌女，又何来从厌女症中解放女性的需求呢？女性主义者不是指从厌女症中解放出来的女性，而是指不断与内化了的厌女症进行抗争的女性。

　　概而言之，酷儿研究的研究对象并非性少数人群。冠上酷儿之名，是为了将异性恋秩序置于俎上。可以说"男性同性社会性欲望、恐同、厌女"三位一体的组合，揭露了近代家庭的根基，揭示出男与女的关系是社会建构的结果。对于塞吉维克的功绩，我们必须给予高度评价。正是因为有塞吉维克，一直以来被视作理所当然的领域才会出现裂缝，从而使得异性恋的"去自然化"成为可能。

参考文献

　　上野千鶴子，1986，『女という快楽』，勁草書房、新装版2006

　　上野千鶴子，1998，『発情装置』，筑摩書房

　　上野千鶴子，2006，『生き延びるための思想』，岩波書店

　　上野千鶴子，2010，『女ぎらい——ニッポンのミソジニー』，紀伊國屋書店

　　彦坂諦，1991，『男性神話』，径書房

　　古川誠，1993，「同性愛者の社会史」（「別冊宝島176　社会学入門」宝島社），（2009『新編　日本のフェミニズム12　男性学』，岩波書店所収）

　　前川直哉，2011，『男の絆』，筑摩書房

　　Freud, Sigmund, 1940-1948, *Gesammelte Werke*, Bd. XIV, London: Imago Publishing Co., Ltd.. =1969，懸田克躬、高橋義孝他訳，『フロイト著作集5　性欲論　症例研究』、1970，井村恒郎、小此木啓吾他訳，『フロイト著作集6　自我論　不安本能論』，人文書院

　　Foucault, Michel, 1976-1984, *Histoire de la sexualité*, tome Ⅰ-Ⅲ, Paris:

Éditions Gallimard. = 1986-87, 渡辺守章、田村俶他訳, 『性の歴史 I
知への意志』, 『性の歴史 II　快楽の活用』, 『性の歴史 III　自己への
配慮』, 新潮社

Kinsey, Alfred Charles, 1948, *Sexual Behavior in the Human Male*,
Philadelphia and London: W. B. Saunders Company. =1950, 永井潜、安藤畫
一訳, 『人間に於ける男性の性行為』上・下,　コスモポリタン社

Lévi-Strauss, Claude, 1947-1967, *Les structures élémentaires de la
parenté*, P.U.F., Mouton & Cie. =1977, 馬渕東一、田島節夫監訳, 『親族
の基本構造』上・下, 番町書房

Michael, R.T., Gagnon, J.H., Laumann, E. O., & Kolata, G., 1994, *Sex in
America*, New York: CSG Enterprises, Inc.. = 1996, 近藤隆文訳, 『セック
ス・イン・アメリカ』, 日本放送出版協会

Sedgwick, Eve Kosofsky, 1985, *Between Men: English Literature and
Male Homosocial Desire*, New York: Columbia University Press. =2001, 上原
早苗、亀澤美由紀訳, 『男同士の絆』, 名古屋大学出版会

Sedgwick, Eve Kosofsky, 1990, *Epistemology of the Closet*, Berkeley: The
University of California Press. =1999, 外岡尚美訳, 『クローゼットの認識
論』, 青土社

琼·瓦拉赫·斯科特

第九章　社会性别论——换个视角看世界：琼·瓦拉赫·斯科特《社会性别与历史学》

重读历史记述，思考"历史学中的政治"

完成了从女性史研究到性别史研究的转变

是一部后结构主义性别论的杰作

◎ 琼·瓦拉赫·斯科特（Joan Wallach Scott）

　　1941年出生于纽约布鲁克林，性别历史学家。现为新泽西普林斯顿高等研究院社会科学学院教授。斯科特的主要研究领域为法国劳动史，她是英语圈中性别历史学研究的开创者。其著作《面纱的政治学》也有日译本（美篶书房出版），该书解读了西方社会语境中的穆斯林女性戴头巾的问题，而对于这一问题的歧视和争议在西方已然日常化。

　　《社会性别与历史学》（*Gender and the Politics of History*），出版于1988年，日文版由荻野美穗译，由平凡社出版于1992年，由平凡社Library重版于2004年。

社会性别（gender）的定义

琼·瓦拉赫·斯科特是一位女性主义研究者，她推动了"女性学"向"性别研究"的转变。

在其名著《社会性别与历史学》中，她对"社会性别"（gender）如此定义："赋予身体差异以意义的一种认识。"[1]该书于1988年出版之后，这一定义广为流传，使得社会性别的概念深入人心。

社会性别既是一种概念，也是一种认知。斯科特说："换言之，社会性别是关于生理性别差异的一种认知。"（斯科特，1988=1992：16）米歇尔·福柯指出，认知是一种权力，是用于统治的工具。同样，斯科特也指出："认知是使世界秩序化的方法，因此认知（中略）与社会的组织化不可分割。"（斯科特，1988=1992：16）

现在，人们已经熟知"建构主义"的理论，例如认知通过语言产生；语言是被社会建构的；社会是话语实践的集合体；等等。而建构主义理论，成为斯科特的社会性别概念的前提。不仅如此，历史学也参与了社会知识的建构过程，斯科特是历史学研究范式转换的强有力的推动者之一，历史学的范式转换现在也被称为"语言学转向"（linguistic turn）。斯科特提出的社会性别概念，成为在福柯等人倡导后结构主义之后的性别理论的高峰。

斯科特原本是研究法国历史的美国历史学家。她对英国著名劳动史学家爱德华·帕尔默·汤普森（E.P. Tomson，1924—1993）的著作《英国工人阶级的形成》（1963年）进行了根本性的批判，并因而闻名。汤普森所说的"工人阶级"仅限于男性工人。事实上，工业社会形成时期的工人

1　荻野将其译作"赋予肉体差异以意义的认知"，这一译法广为认知，但我（上野）将其略作了修改，译为"赋予身体差异以意义的认知"。

中既有女性也有儿童，但在"工人阶级"这一概念中，女性却被有意无意地排除在外，这着实意味深长。斯科特批判道，汤普森自己也参与了"工人"一词男性化的历史过程，她同时指出，"工人阶级是基于性别而建构的"（斯科特，1988=1992：106）。

如果说阶级是由性别建构的，那么反过来也可以说，性别是由阶级建构的。或许有人会觉得奇怪，性别怎么会由阶级建构呢？因为人们认为"阶级是人为的概念，而性别却是与生俱来的"。事实上，维多利亚时代形成的"女性气质"，并不适用于工人阶级的女性。女人明明在外工作，却不被看到，被排除在工人阶级之外。如此，性别的差异被本质化了，不允许人们对这种差异产生丝毫的怀疑，让人们将其视作理所当然。在各种差异中，性别是尤其被"自然化"（也称为"生物学化"）了的概念。

但是回想起来，在马克思重新定义"阶级"之前，阶级也是被自然化了的概念。明治时期的日本，流行着"上等人种""下等人种"等用语，它们相当于阶级的概念。出生于上流阶级的人，天生就是"高雅"的。相反，下层阶级的人们在社会、道德、身体等各个方面都是低劣的，他们偷盗、犯罪、堕落、无知、肮脏等等，而且人们认为这种劣等性源于他们的出身，是遗传的结果。

斯科特所说的"赋予身体差异以意义的认知"中，不仅包括了性别，还包括了"人种"。性别也好，人种也罢，它们的区别只不过是几万个DNA碱基序列中的一组而已。

XY染色体的不同组合会分化生殖腺的发育，社会性别就是将XY染色体的不同组合进行特权化和差异化的一个概念。而人种，是对可以改变头发颜色、肤色、眼睛颜色的某一组基因序列的差别赋予意义的概念。除此之外，身体上的差异还包括容貌、体型、有无体毛、运动能力等方面。尽管存在多样性的差异，但众所周知，人类（homo sapiens）同属分类学上的一个属、一个种。尽管如此，人类却试图在内部制造出差异，比如，在生殖功能上特殊化了的差别就是性别，在皮肤颜色上特殊化了的差别就是人种。为什么要这么做呢？因为需要根据性别来建构"男性"这一范畴，需要根据人种来建构"白人"这一范畴。

已经了解萨义德的读者应该知道，女性化了的"东方"对于白人、男性的建构是不可或缺的。而且所谓的西方（即近代），正是以这种差异为分割线将社会组织化的，所以西方（近代）社会从一开始就包含了性别歧视和种族歧视。不仅如此，他们还极力掩盖事实的真相，将差异"自然化"，让人们"勿问其起源"。

斯科特对社会性别的定义解开了这个谜团，在将性别"去自然化"这一点上具有划时代的意义。

从"女性史"到"性别史"

我将"女性学/性别研究"并列作为自己的研究领域，可能会有读者对此感到奇怪。我这样做，首先是为了铭记性别研究是从女性学中诞生的，其次是因为有不少性别研究学者反复想要将性别研究"去政治化"，但我并不赞同。

我曾多次直言："女性主义是思想和实践，女性学则是其理论武器。"女性主义，特别是第二波女性主义，在20世纪60年代通过"女性解放运动"（women's liberation）开始崭露头角。但在日本，女性解放运动自诞生之日起，就被恶意称作"丑女的歇斯底里"。因此，就连那些对女性解放运动有共鸣的女性，也常常会说："我并不是女性解放运动者，但……"（I'm not a lib, but …）之类的话。继女性解放运动之后，当"女性主义"这一历史性概念登场时，有些女性便舍弃了女性解放运动，转而

第九章　社会性别论——换个视角看世界

投向女性主义的怀抱了。女性解放运动阵营的女性们对这一变化心痛不已。但是，不久之后，女性主义也遭到了批判，于是又出现了"我并不是女性主义者，但……"（I'm not a feminist, but…）这样的说辞。

lib和feminism是日常用语的延伸。因为lib的本意是"女性解放"，feminism则是指"（尊重）女性的主义"。但gender一词，却脱离了日常用语的范畴。

"社会性别"（gender）从一开始就是学术性的分析概念，原本是将男性词与女性词分类的语法上的用语。拉丁语系把所有单词分为男性词、女性词及中性词，"性别"一词对于使用拉丁语系的民族来说很是熟悉，但对于非拉丁语系的人而言，几乎没有意义。学法语和德语的时候，很多人发现如果记不住所有名词的使用性别，就无法正确使用冠词，因而茫然不知所措。性别区分充斥在语言中，我想，使用这种语言的民族，恐怕时刻都要意识到性别的存在，否则就难以生存。

因为英语单词没有性别区分，所以是一种较为单纯的语言。日语中不仅单词没有性别，甚至不存在冠词，也没有词汇的单复数区别。日语中没有与gender相对应的概念，所以要将这个词翻成日语极为困难，只好直接按照gender的读音用片假名标注。

不得不使用"社会性别"（gender）这个不存在于日常用语中的人造概念，是为了将其从"生理性别"（sex）中区分出来。也就是说，sex这一生理性别概念过于自然化，它让人们认为"生理性别是由DNA和荷尔蒙决定的"。为了与生理性别的概念相区别，社会性别用于指代"社会、文化方面的性别差异"。由于社会性别的概念原本是指语言上对男女的划分，所以很明显它是文化和社会的产物，因为语言不是自然和本能的产物。不过，这个定义也并非完全正确，这点我们将在朱迪斯·巴特勒（Judith P. Butler）一章中论述。

163

因为社会性别一词起初就是作为崇高的学术用语出现的，所以不少人对它趋之若鹜。他们有的对于作为新兴学科的女性学心存疑虑，有的则相反，试图通过社会性别概念来主张女性学的正统性，打消前者的疑虑。尽管原因不尽相同，但以"性别研究"（gender studies）代替"女性学研究"（women's studies）的研究者们登上了历史舞台。然而，也有些研究者，对部分性别研究者极力强调性别研究的中立性、客观性的做法感到反感，所以故意自称是从事"女性主义研究"（feminist studies）的。针对意欲表达"我们做的不是像女性学那样失之偏颇的研究……"的性别研究者们，她们旗帜鲜明地举起了女性主义的大旗。可以说，性别研究自诞生之日，就受到了勇于抗争的女性主义者的质疑。

但是，社会性别并不仅仅指代"社会、文化上的性别差异"，它的含义远不止于此，因为社会的权力关系是通过这种性别差异而被构建的。从这层意义上说，性别是一种认知，而认知是一种统治的工具。美术史学家若桑绿（1935—2007）的定义清晰地说明了这一点，她说：

> 社会性别可以被最简洁地定义为"与性别相关的歧视和权力关系"。

（若桑，2006：306）

性别研究，首先是对统治和权力、歧视和压迫的研究。正因如此，性别是一个政治概念。

女性学研究者井上辉子（1942—2021）把"女性学"（women's studies）译介到日本，"女性学"一词的原意是"关于女性的跨学科研究"，但井上将它定义为"女性的、由女性进行的、为了女性而开展的学问"。正如区域研究是针对某个特定区域进行的跨学科研究一样，女性学也是针对女性这一"区域"（局部）展开的研究。也就是说，女性学在探究真理的众多学问中，新添加了"女性"这一曾不见天日的研究领域。

20世纪70年代，伦敦的社会主义女性主义者，略带自嘲地将自己定义为"忙于参加社会主义者集会和女性主义者集会的人"。同样地，女性学研究者也把自己视作忙着同时参加女性学研究小组和自己所属专业的研究组织的活动的人。另一方面，无论女性学产生了多少研究成果，传统学术领域的男性研究者们仍然对其不屑一顾。

斯科特为此深感焦急，她写道：

> 大多数不是女性主义者的历史学家们（男性研究者——引用者注），姑且接受了女性学，但是之后他们要么远离，要么干脆忘得干干净净。
>
> 他们说，即使知道女人也参加了法国革命，自己对这场革命的理解也不会改变。
>
> （斯科特，1988=1992：57）

这种状况被称为女性学的"犹太区化"。"犹太区"是中世纪欧洲被城墙围绕的城市中，指定给犹太人的隔离居住区。我们可以将专门为女性指定的座席（基本是位于边缘的劣等座位）比作"犹太区"。在日本，记者福泽惠子（1958—）则称其为"妇科"，可谓恰如其分。女记者被指定去家庭生活部；女性法律专家被指定去民法和家庭法的领域；女性社会学者被指定去从事家庭社会学研究……如此，女性就被诱导或强制性地分配到女性专属的犹太区。同样地，女性学也被分配到了学界中的女性专属领域，这一领域一直以来都不见天日、被男性漠视，不过，只要对男性无害，他们也就睁一只眼闭一只眼了。

在日本，明治以来的"讲坛史学"[1]中从未出现过"女性史"专业，因为人们一直认为女性和普通民众是没有历史的。女性不仅因为自身的性别原因无法成为研究者，而且即使成了研究者，如果选择了"女性史"专业，也会被排除在主流学界之外。

20世纪70年代，与女性学一起，在历史学界中也出现了一些有关女性的研究课题，且备受欢迎。女性的怀孕、避孕、堕胎、生产、育儿体验等等，由于这些课题之前都没有被认真研究过，所以不管怎么研究都是新的，不管是谁都能成为该领域的先驱者。不过，因为这些研究课题尽是些被主流历史学研究遗漏的内容，所以从事这类研究曾被称为"拾荒的历史"。但即使出现了像拾荒那样低头捡起（被认为是）微不足道的研究课题的女性研究者，男性研究者也还是觉得无关痛痒，认为只要继续从事自己之前的研究就好。

斯科特有着自己的目标。她指出：

> 聚焦于女性不应仅是为了"补充历史"，还应"重写历史"（后略）。

（斯科特，1988＝1992：36）

这就是从"女性史"到"性别史"的转换。换言之，女性史是以女性为研究对象的历史研究，而性别史则研究社会性别这一概念在历史背景下如何形成，以及在特定语境下发挥了怎样的作用。

"女性学"和"性别研究"也是如此。女性学是以女性（集体）及其经历为对象的研究。与之相对，性别研究既在有女性存在的地方研究女性，也在不存在女性的地方研究为什么没有女性。同时，它还研究在所有

1　指不接地气的历史学。——译者注

领域中（无论是否存在女性），社会性别是如何发挥作用的。因此，理论上说，没有性别研究不能涉及的社会领域，因为在构建社会的要素中，几乎没有与性别无关的。于是，政治、经济、哲学、宗教自不用说，就连其中没有任何一位女性的"培养男性气概的学校"——军队，也成了性别研究的对象。

"女性有文艺复兴吗？"

有一个通过将"社会性别"一词引入历史学来重新书写历史的实例。

那就是美国历史学家琼·凯利（Joan Kelly，1928—1982）所著的《女性有文艺复兴吗？》（*Did Women Have a Renaissance*？，1977年）一书。遗憾的是，这本书还没有日文译本。

文艺复兴也被称作"人类的复兴"，这个时期奠定了人文主义（humanism）和宗教改革的基础，是中世纪到近代的转折点。凯利透过男女的不同经历重新审视这一时期，然后得出了这样一个结论：文艺复兴中的"人类的复兴"，不过是"男性的复兴"而已。事实上，文艺复兴之后，女性的社会地位下降，并失去了财产权。尽管婚姻的价值提高了，妻子的地位也较过去有所提升，但作为拥有幸福婚姻的交换，女性失去了所有的社会性权利（如契约权、财产权）。而逃离婚姻的女性，则被冠以"女巫"之名，受到排除异己式的打压。女巫的研究表明，被指控为女巫而遭到残酷刑罚的女性，大多是共同体中的异类，或失去丈夫的寡妇。在从"黑暗的中世纪"到近代的转换期，"猎巫"这种带有迷信色彩的管控被强化了，这与"人类复兴"的启蒙印象大相径庭。

根据凯利的研究，我们可以得出以下结论。特定的社会变化会对不同的社会群体产生不同的效果。而对于社会群体的划分，社会性别（男/

女）这一要素发挥了尤为显著的作用。如此看来，历史学家一直以来所研究的文艺复兴史，只不过是"男性史"，因为男性史学家们只看到了自己想要看见的东西。

斯科特对"性别史"的定义，遭到了许多历史学家的批判。他们说：用"女性视角"来讲述历史学也不是不可以，但不论怎样，它都是经不起正统历史学查证的"偏颇"研究。对此，斯科特有一个著名的反驳。虽然篇幅较长，但还是引用一下。

> 虽然我想强调性别问题不仅是两性关系的历史，不管是什么具体的话题，性别都能够在全部或大部分的历史中投下一束光，但我也承认用这种方法研究出的结果必然是失之偏颇的。我并不是想声明我能够纵观全局，不是要说我终于发现了可以解释一切不平等、压迫及历史的决定性概念。（中略）我认为，承认自己的偏颇，并不意味着承认自己在追求普遍性解释的过程中失败了。毋宁说，它给予我们这样一个启示：普遍性的解释在以前行不通，现在也依然行不通。
>
> （斯科特，1988=1992：29）

斯科特所言何意？

从本质上说，斯科特姑且接受了"性别史失之偏颇"这一批评，她承认确实如此，但继而却开始以彼之道还施彼身，她向那些男性史学家宣告："你们研究的只不过是'男性史'而已。"之后，在20世纪90年代历史学的建构主义论争中，斯科特进一步指出，应把历史学家从判定历史真伪的法庭审判官这一宝座上拉下来，将他们回归到多样化历史叙述中的一个叙述者。当然，这引起了历史学界的强烈反对。

后结构主义理论的冲击足以撼动历史学的存在根基，斯科特的社会性别理论就是从中结出的最灿烂的果实之一。

　　我曾经给斯科特的《社会性别与历史学》写过这样的书评："对于志在学习历史学的人来说，它是必读文献之一。"但在1992年日译本出版以来的20年里，历史学的课程设置中又是如何定位这本书的呢？我认为这本书已经和英国历史学家爱德华·霍列特·卡尔（Edward Hallett Carr，1892—1982）的《历史是什么？》（1961年）、法国哲学家保罗·利科（Paul Ricoeur，1913—2005）的《时间与叙事》（全三册）（1983—1985年）等著作，一同成为历史学教育中不可或缺的必读文献。不过，现在如果把社会性别当作研究主题，仍然会立刻被学界边缘化，这种状况一直以来似乎并没有什么改变。

日本近代文学的"叙事谱系"

　　现在各研究领域都通过引入社会性别的视角来重写历史。

　　驹尺喜美是日本女性学研究的先驱，以其为中心的研究小组重新书写了日本近代文学史，并精辟地称之为从"记载史"到"颠覆史"的转变。

　　日本近代文学中有私小说的传统。几乎所有男性作家都曾采用这一体裁，细致入微地叙述自己个人生活里的挫折。福柯在《性史（第一卷）：认知意志》中说过，让－雅克·卢梭（Jean-Jacques Rousseau）以来的近代小说，都喜欢这种一旦公之于世就会觉得丢脸的"坦白"。

　　日本私小说的叙事，重点讲述的是主人公的"自我矛盾"和"内心追求"。驹尺的研究小组却对故事进行了重新诠释，他们认为，身为家长（或其继承人）的男性主人公，因为没有承担一家之长责任的意愿和能力，所以通过生活上的不如意、夫妻关系的破裂、婚外恋和背债务等反社会或非社会性的行为来对抗家长责任的重压。如此不难看出，私小说的作者不是站在儿子的立场，而是站在父亲的立场上写作的，而且也能理解为什么他们都是"郁郁寡欢的家长"[1]，或者更直言不讳地说是"窝囊的家长"了。

这里的"郁郁寡欢"和"窝囊"，不是由某个特定个人的性格或特点造成的，而是"近代家族"的结构所致。在这一结构下，被分配到"家长"位置的人，对于自己的责任感到不知所措、苦恼不已。如果理解这种苦恼是结构性的原因所致，就可以解释为何他们"私小说"式的经历具有普遍性了。但另一方面，被置于无能的掌权者之下的家庭中的弱者，也就是女性和孩子，被他们（家长）控制，做出了巨大的牺牲。即使是引发男性深刻同情和强烈共鸣的石川啄木与太宰治，如果认为他们是自私不负责任的家长（即使他们有自我谴责的想法），就不能忘记他们背后做出巨大牺牲的妻儿。前者背后有被遗弃的、在贫穷中挣扎的妻子；后者背后则有被与情人殉情的丈夫背叛了的妻子与孩子。

同样，现在很多学者也尝试把社会性别这一概念带入古代史、中世史、近世史、近代史来重新解读。古代史研究，包括最近的考古发现在内，完全推翻了女帝是"临时天皇"[2]的说法。也有历史学家认为，"临时天皇"的说法是持有皇国史观的御用学者们，为了证明明治以后形成的男性天皇的正统性而捏造的。所以，从性别史的角度来看，恰恰是那些反对女性天皇的人，才是"背叛传统的人"。

"男性市民"

斯科特在《社会性别与历史学》一书发行后，又在法国逗留了一年，于1996年完成另一部著作《唯有悖论：法国女性主义者与人权》（*Only*

---

1 该词借用自山崎正和《焦躁不安的时代》（讲谈社学术文库，1986年）。
2 在下一任男性天皇继位前暂代天皇之职。——译者注

Paradoxes to Offer）。遗憾的是，这本书也没有被翻译成日文。

这本书选取了法国大革命以后的六位法国女性主义者的思想，从根源上论述了近代与女性主义之间的进退两难的困境。女权运动先驱奥兰普·德·古热（Olympe de Gouges，1748—1793）是书中的主要人物之一，她恶搞《人权宣言》（1789年），撰写了《女权宣言》（1791年）。古热认为，既然女性和男性同样有上断头台处刑的"权利"，那么也应与男性一样有参与政治的权利，但结果如她所述，在《女权宣言》发表两年后古热被处以绞刑。

之所以在《人权宣言》发表两年后就发表《女权宣言》，是因为古热很快意识到，拥有被赞颂的"人权"的人仅限于男性。如果知道法语表述中有阳性、阴性这种性别区分的话，就会明白"人权"的原文"Droits de l'Homme et du Citoyen"，指的是赋予"男性市民"的人权，由此可见，人权已经完全被"性别化"了。

不仅如此，人权概念还被阶级化、人种化了。"市民"是指居住在被城墙环绕的城市（civitas）中的人，是公众（civil），是被文明化（civiliser）了的人。也就是说，人权宣言有这样几个特征：（1）排除了女性，（2）排除了野蛮的外国人，进而（3）排除了市民阶级以外的人，例如作为旧统治阶级的贵族和僧侣，以及居住在城外的农民。除此之外，（4）它还是与同样正在壮大的工人阶级有所区别的"男性市民"们的权利宣言。

在此基础上，斯科特提出了以下观点。如果认为女性也同样是人，就应该要求与男性享有同等的权利，但为此必须否定性别差异。相反，如果强调性别差异，就只能甘愿接受"女性专属的席位"。这就是我们所熟悉的"平等还是差异"的困境。从此，近代女权运动经历了漫长的纠结摇摆。即使同样是追求平等，也会出现"没有差异、与男性一样的平等"

和"有差异、有女性特色的平等"的对立。这种进退维谷的局面，一直延续到现代职场中的"综合职务"女性与"一般职务"女性的对立。[1]此外，这种对立还出现在对女性参战的看法中，有些人要求允许女性士兵参战，相反，有人却始终将女性视为"战场后方的守护者"或"家庭的守护神"。

然而，斯科特一语道破："无论选择哪一种立场都有陷阱，因为问题本身就是错误的。'平等还是差异'，是近代强加给女性的问题，这个问题本身就是个悖论。所以没有必要回答。为了能在这种矛盾中生存下去，才出现了近代女性主义。"斯科特认为，女性主义陷入窘境的根本原因，在于"个人"（individual）这一概念原本就是以成年男性为范本而建立的，因此，作为近代社会理念的自由主义本身，也应是被批判的对象。

斯科特从批评汤普森的《英国工人阶级的形成》起步，提出"工人阶级是以性别为基础被建构的"这一命题。而后，在《唯有悖论：法国女性主义者与人权》中，她又向前迈进了一步，得出"近代的'个人'本身就是由性别建构的"这一结论。自由主义认为，社会是由"独立（可以自己做决定）的个人"组成的，这对女性主义来说是个巨大的陷阱。

斯科特的著作，让我们明白了何谓"激进的（根本性的）思考"。

参考文献

若桑みどり他編，2006，『「ジェンダー」の危機を超える！』，青弓社

Carr, Edward Hallett, 1961, *What is History?*, London: Curtis Brown Ltd.

1　参照本书第一部分田中美津一章。——译者注

=1962，清水幾太郎訳，『歴史とは何か』，岩波新書

Kelly-Gadol, Joan, 1977, *Did Women Have a Renaissance?*, Boston: Houghton Mifflin Co.

Ricoeur, Paul, 1983-1985, *Temps et récit*, tome I -III, Paris: Éditions du Seuil. =1987-1990，久米博訳，『時間と物語』全三巻，新曜社

Scott, Joan Wallach, 1988, *Gender and the Politics of History*, New York: Columbia University Press. =1992，荻野美穂訳，『ジェンダーと歴史学』，平凡社

Scott, Joan Wallach, 1996, *Only Paradoxes to Offer: French Feminists and the Rights of Man*, Cambridge, Mass.: Harvard University Press.

Thompson, Edward Palmer, 1963, *The Making of the English Working Class*, London: Victor Gollancz Ltd. =2003，市橋秀夫、芳賀健一訳，『イングランド労働者階級の形成』，青弓社

佳亚特里·查克拉瓦蒂·斯皮瓦克

第十章　服从即抵抗，抵抗即服从：
佳亚特里·查克拉瓦蒂·斯皮瓦克《底层人能发声吗？》

如何听取底层民众之声？

他们无法代表、无法表现自己

通过后殖民式的阅读实践，实现解构主义批评

◎ 佳亚特里·查克拉瓦蒂·斯皮瓦克（Gayatri Chakravorty Spivak）

1942年出生于印度西孟加拉邦的加尔各答，比较文学研究者。从加尔各答大学毕业后，斯皮瓦克赴美国康奈尔大学留学深造，曾在哥伦比亚大学英语和比较文学系任职，现为哥伦比亚大学教授。作为后殖民主义批评家，斯皮瓦克持续为女性主义和后殖民问题发声。被翻译成日文的著作有《后殖民理性批判》（月曜社）、《斯皮瓦克自述》（岩波书店）、《斯皮瓦克在日本》（美篶书房）、《民主主义与想象》（青土社）。

《底层人能发声吗？》（*Can the Subaltern Speak?*），出版于1988年，日文版由上村忠男译，由美篶书房出版于1998年。

出生于原殖民地国家的英国文学教授

当我们论及后殖民主义时，斯皮瓦克与萨义德一样，都是不可绕过的人物。而且，她以女性主义的视角介入后殖民主义，并因而成名。

佳亚特里·查克拉瓦蒂·斯皮瓦克，1942年生于印度加尔各答。从印度大学毕业后，她于1961年赴美留学。以对爱尔兰诗人叶芝（William Butler Yeats，1865—1939）的研究成果获得了英国文学博士学位，并成为哥伦比亚大学教授。她是萨义德的同僚，两人均出生于原英属殖民地，后来一同成为以保守主义为主流的英国文学领域的教授，并一起掀起了英国文学的文艺复兴。不同的是，斯皮瓦克公开标榜自己是女性主义者，作为法国哲学家雅克·德里达（Jacques Derrida，1930—2004）在英语圈的译介者，她介绍并实践了法国解构主义批评。[1]

当下，我们谈论英国文学时，不能忽略出生于原英属殖民地的学者们的贡献。虽然他们的批判性研究动摇了英国文学的根基，但是通过"英语"（在历史偶然中成为世界通用语的帝国语言）开展的文学研究，竟从他们的批判中获得养分并壮大，这正是英语文学研究领域的拿手好戏。

斯皮瓦克是印度人，尽管在美国大学获得了教职，也没有放弃印度国籍。她是持绿卡（有永久居住权）定居在美国的外国人。她十分清楚这种边缘性特征带来的利与弊，并策略性地加以利用。

后殖民主义在日语中被翻译成"脱殖民主义"，却并不是"脱离殖民主义"的意思。正如"后现代"被翻译成"脱现代"，表示的是"经过了近代"之意一样，后殖民主义指的是，经过殖民主义之后的原宗主国与原殖民地之间的关系。即使殖民地在政治上实现独立之后，也难以抹去曾遭

1　斯皮瓦克是雅克·德里达《论文字学》一书的英译者。

受殖民的痕迹，难以恢复如初。换言之，殖民主义的"遗产"无论好坏，都会在原宗主国和原殖民地两方面留下印记。乍一看，导致殖民地统治的政治上的帝国主义，也许会因为殖民地的独立而消失，但经济上和文化上的帝国主义却不会消失。原宗主国接受的经济类移民，几乎全都来自原殖民地，而且，原宗主国至今仍在持续影响着原殖民地的文化消费。

对于"后殖民主义"这个难以翻译和理解的概念有不少的入门书、解说书，但其中最清楚明了且令人信服的，是斯皮瓦克的定义。她说，"后殖民主义"就是"被强奸后生下的孩子"[1]，这个定义颇有见地。

即使是强奸所生的孩子，孩子也毕竟是孩子。母亲不得不爱自己的孩子，而孩子虽然憎恨父亲，却也不能否定他的存在。因为自己的诞生，有一半的原因要归功于父亲。而且，构建自我身份的语言和文化等遗产，也是从父亲那里继承而来的。

后殖民主义的关键词是混血、异种混杂、流亡、离散、难民等。混杂性（hybridity，杂糅性）和散居性（diaspora，故乡离散）就是其命运的代名词。不管是在母亲的故乡，还是在父亲的国度，他都不能完全属于某一方；是被疏远排斥的、忠诚心受到怀疑的边缘人；是背井离乡、没有自己故土的流浪者……而这样的人，就是后殖民主义式的存在。如此想来，斯皮瓦克之所以选择不加入美国国籍，继续保持印度人的身份，也是因为特意保留了自身的散居性。她甚至把自己描述为"作为散居者的后殖民式美国精英"（斯皮瓦克，1999=2003《后殖民理性批判》：493）。

---

1 Spivak, Gayatri Chakravorty, *Bonding in Difference: interview with Alfred Arteaga (1993-1994), The Spivak Reader*, Routledge p19, 1996.

以彼之道还施彼身

但是，在全球化时代，能够继承父母双方文化遗产的人，会比那些没有遗产可以继承的人拥有相对有利的资源。对曾经遭受英国统治的地区的人们来说，则更是如此。想要理解包括斯皮瓦克在内的印度知识分子，不能抛开他们所接受的英式教育和英式教养的训练。自17世纪东印度公司成立以来，英国对印度的长期统治彻底改变了印度的社会和文化。印度精英分子用英语接受高等教育，在双语的环境下成长。结果，这使得印度人在全球化时代占据了优势地位。

"日本大学用英语授课吗？"当我在海外被问到这一问题时，吓了一跳。从那以后，我就一直这样回答："不，日本高等教育是用日语授课的。日本人外语水平很低，不过这也是日本未曾遭受殖民的证明。"然而反言之，语言的壁垒也降低了日本的国际地位。

人们常说，21世纪是中国的时代，但中国的发展也遇到了问题。原因是多方面的，包括社会的老化，即中国人口结构的快速少子及高龄化；经济增长所带来的劳动力成本的上升；以及中文的语言壁垒。紧随其后的是印度，在印度，由于人口调控失败，儿童数量持续增加；且在巨大的贫富差距下，由于印度国内仍处于经受了殖民的状态，所以劳动力成本得以控制。不仅如此，印度人的英语素养（读写能力）也是一个很大的优势。

如今，印度已成为世界计算机技术人员的供给源。要想掌握计算机技术，不仅要具备IT素养，英语素养也是不可或缺的，因为计算机的共通语是英语。日本和中国必须把包括OS在内的所有计算机用语翻译成本国语言，仅由于这点便会处于不利地位。汉字文化圈的语言依赖于模拟形式的文字标记，这种语言作为计算机用语极为不便。以汉语为通用语的人虽然人数庞大，超过10亿，但也有可能成为巨大的"语言犹太区"[1]。

相比之下，印度人在语言方面具有压倒性的优势，而这种语言资源是从英国的殖民统治时获得的，可谓从"强奸者"那里继承的"遗产"之一。

斯皮瓦克的母语是其出生地西孟加拉邦的方言——孟加拉语。有人提议说，"你可以用母语写作"，但她没有接受，而是继续用英文创作发表。因为若是用母语写，能够看懂她想要传达的信息的人会非常有限。而且，她也将在国际学术圈默默无名。可如果用英语写，虽然同胞们可能看不懂她想要传达的信息，但这些信息却可以传递给英语圈，也就是"世界"读者。事实上，斯皮瓦克通过用英语写作，成为世界级的学者，作为不可忽视的存在受到了学术界的厚待。

将殖民地精英送到宗主国接受教育是殖民地统治的常规操作。通过文化殖民，可以让当地人成为统治的代理人。这些人掌握了礼仪、品位、举止等文化资本，变成了考究的殖民地精英。他们会因为故乡同胞的贫穷和举止而皱眉，因同胞的散漫和无知而叹息，也就是说，他们自身成了文明"教化"的代理人。以诗人叶芝为题获得学位的斯皮瓦克，本也应成为殖民地精英"优等生"中的一员。但她并没有成为那样的人。相反，斯皮瓦克把学到的东西化作了批判殖民主义的武器，而这，就是"后殖民主义"。

斯皮瓦克说，我们虽然不能"否认存在于我们自身混血历史中的、被模糊的固有名称称作'欧洲'的他者的痕迹"（斯皮瓦克，1999=2003：286），但相反地，我们可以构建出"一种历史和理论，阐明欧洲是如何通过将其殖民地视作'他者'，从而确立了自身的主权主体身份的"（斯

1　犹太区的说法参见上一章斯科特的部分。——译者注

皮瓦克，1999＝2003：285）。

在这一点上，斯皮瓦克和萨义德意见相同。不同的是，在萨义德看来，性别不过是隐喻，但对斯皮瓦克来说，性别却是不可或缺的理论工具。然而，即使是对殖民主义的批判，如果不使用宗主国的语言，也无法传达给对方。让我用你的语言来告诉你，我眼中的你是多么的丑陋。斯皮瓦克称之为"以彼之道还施彼身"，这是一场不成功便成仁的激烈战斗。

"把从帝国主义者那里学来的东西重塑"中的"重塑"（unlearn）[1]一词，也是斯皮瓦克的关键词。不过，这不是她创造的词语，最早将这个词译介到日本的，是评论家鹤见俊辅（1922—2015）。战前，鹤见在纽约与海伦·凯勒（Helen Keller 1880—1968）见过面。他回忆道，当得知自己是大学生后，海伦对他说："我在大学里学了很多东西，之后又不得不把学到的内容重塑（unlearn）。"[2]

"虽然是第一次听闻这个词，我还是理解了她的意思。"鹤见把unlearn这个很难翻译的词译为"学习并拆解"，即把学到的东西与自身融合再重新塑造。时隔近半个世纪后，这个关键词被女性残障人士和女性后殖民知识分子同时提出，并非偶然。因为，她们有必要对作为主权主体的白人、中产阶级、健康男性构建的"认知"，也就是为男性量身定做的"认知"，进行重塑。

斯皮瓦克使用了巧妙的战略——将由英语主导的语言帝国主义相对化。从世界史的角度来看，20世纪学术研究的首选语言并非英语，而是欧洲大陆的语言，尤其是德语和法语。美国思想史家斯图尔特·休斯（Stu-art Hughes，1916—1999）在其《巨变》（1975年）一书中指出，德国学

1　unlearn指有意识地忘记自己已经学习过的内容，并重新进行学习。
2　鹤见俊辅与德永进的对谈，"鹤见俊辅访谈 终身的知识重构"，朝日新闻（2006年12月27日）。

术霸权的崩塌，是纳粹对犹太人的迫害造成的。德国的学术研究水平基本由犹太人研究者保持，但由于纳粹对犹太人的迫害，他们不得不逃离德国，结果被美国收留。由此，世界学术的据点从德国转移到了美国。今天，无论是理科还是文科，想要了解海外的学术动向，只要具备英语素养就足够了，但这种状况是第二次世界大战以后才形成的。在英语主导的帝国主义影响下，欧洲的学者也逐渐开始用英语来传递信息，欧盟一体化更是加速了这一变化。

美国不仅是全球的经济中心、军事中心，如今还占据着全球学术中心的地位。但不可思议的是，法语在哲学上的霸权地位并没有消失。大部分说英语的人只会英语这一种语言。这是把"霸权语言"作为母语的人的特权，却也悖反地成为他们的局限。他们唯一艳羡的便是法语能力，因为无论是过去还是现在，法语的"discours"（话语）都被认为是人文知识的教养储备。20世纪后半叶，后现代思想和后结构主义都诞生于法国。作为德里达的解构理论的英文译介者，斯皮瓦克以其罕见的语言表达能力和理论素养，在美国站稳了脚跟。

斯皮瓦克把从德里达那里学来的"解构"这一武器，运用到了自己的后殖民研究领域，将这些分析转化为宗主国知识分子必须倾听的"认知"。她的集大成之作，便是1988年出版的《底层人能发声吗？》（*Can the Subaltern Speak?*）[1]这本名著。

斯皮瓦克曾在国际会议上将"底层人"定义为"被社会流动性排除在外的群体"，我当时碰巧也在场。1998年，日本举办了性别史的国际研讨会"福冈国际妇女论坛"（由福冈AMIKAS主办），由我担任协调负责人，邀请了斯科特和斯皮瓦克作为大会的嘉宾和发言人。就是在那场会议

---

[1] 本书经过修订后，作为扩大版本收录在《后殖民理性批判》（上村忠男、本桥哲也译，月曜社，2003年）一书中。本文根据需要引用了这两本书。

上，森崎和江作为九州当地[1]的女性知识分子参会，她如孩子般率真地向斯皮瓦克提问道"底层人是什么意思呢？"我曾多次目睹这两位与无声的底层女性有着深刻共鸣的知识女性，在翻译的协助下，彼此深入交流、心意相通的场景。

"底层人"这个概念并非斯皮瓦克的原创，它最初是意大利的马克思主义者安东尼奥·葛兰西（Antonio Gramsci，1891—1937）使用的术语。[2] 葛兰西认为，马克思主义革命论对工人阶级抱有过高期待，应向更加多样化的主体敞开，所以他将处于阶级社会最底层的人们称为"底层人"。而在印度这样的种姓社会中，"底层人"指的是处于所有种姓的最底层而无法摆脱身份的人。20世纪80年代初，一个名为"底层人研究"的崭新的研究领域诞生了。"底层人"这个难以翻译的概念，通过斯皮瓦克的解读变得脍炙人口，而在日本，这个概念也以片假名词的形式流传开来。

被认可的自杀——萨蒂（sati）

斯皮瓦克在《底层人能发声吗？》中所举的例子，是围绕如何解释19世纪印度某地的萨蒂（sati，寡妇殉死）习俗而展开的象征性斗争。她选取了成为寡妇的一名王妃的相关文献资料进行研究。历史是由记录资料（档案）组成的，但斯皮瓦克认为，资料并不是"事实的储藏库"（斯皮瓦克，1999＝2003：290）。它们都是等待"被阅读"的文本，有可能被"误读"，也有可能"不被阅读"，而斯皮瓦克所尝试的，是带有女性主

1　福冈位于九州地区。——译者注

2　与下层的各阶级相比，工人阶级看起来更像是拥有既得权益的特权阶级。葛兰西的这种问题意识，在同为意大利马克思主义者的安东尼奥·内格里（Antonio Negri，1933—）和迈克尔·哈特（Michael Hardt，1960—）合著的《〈帝国〉全球化的世界秩序和异质混杂的可能性》（以文社，2003年）一书中得到继承发扬。

义视角的解构主义式的"阅读"。

所谓"萨蒂"，是这样一种宗教仪礼："印度教的寡妇爬到亡夫火葬时用的柴火上，在那里献出自己宝贵的生命。"（斯皮瓦克，1988＝1998：81）。萨蒂也被翻译成"好妻子"，直到今天还被用来为女孩命名。此外，也有将其翻译成"贞节"的。印度教原本禁止自杀，但只有萨蒂是"被认可的自杀"，且被授予殊荣。人们认为，萨蒂是女性的"主动"选择，而非被强制实施的行为。只是在18至19世纪，这种仪式才迅速在不同种姓之间流行起来，而非古已有之。根据印度教的法律，寡妇也被赋予了继承权，因此想要夺取其继承权的男性亲属们便以"荣誉"为名，蛮横地将她推入火堆。大英帝国的殖民者们禁止了这一仪式，试图将其视作"犯罪"。对英国人来说，这一仪式无疑是"野蛮"的证明。于是，禁止这一仪式的行为，也被历史性地解释为"白人男子从棕色男子手中拯救棕色女子"（斯皮瓦克，1988＝1998：78）的行为。

但是另一方面，对本土主义者（nativism）们来说，萨蒂是表现"印度女性冷静而果断的勇气"（斯皮瓦克，1999＝2003：426）的典范。另一个被民族主义的印度男性所颂扬的"女性勇气"的典范，是"贾赫尔"（jauhar），即"在与穆斯林的战争中失利的拉吉普特（西北印度的诸部落集团。——引用者注）女性的集体自杀"（斯皮瓦克，1999＝2003：426）。比起生命更注重贞洁的女性们，因为顺从了印度的父权制，所以受到了嘉奖。这些例子，立刻让我们想起日本女性的"妇德"。在伪满洲国和冲绳，人们之所以纪念那些选择自杀、拒绝成为俘虏的女性，不过是因为将女性的性（sexuality）视为男性财产的父权制的影响罢了。

像萨蒂这样的行为，我们无法判定是自主选择还是被选择，然而，不可否认的是，在围绕着这种"被认可的自杀""不能称为自杀的自杀"的"白色男性"与"棕色男性"之间的象征性斗争之下，女性的主体性逐渐消失。她们的主体性被"抹杀"了，不管倒向哪一边，父权制式的解释都会让她们的声音消失。她们用行为说话，然而，她们的声音却不被听见（斯皮瓦克，1999=2003：355）。斯皮瓦克提出的"底层人能发声吗？"的问题，指的就是这种状况。

斯皮瓦克后来改写了"底层人无法发声"的消极结论，她开始思考通过重新"阅读"她们留下的文献，让她们能够发声。

对于19世纪印度的女性主体来说，萨蒂这种仪式只允许在选择与拒绝之间二者选一。如果选择殉死，就会成为民族父权制的牺牲品。如果拒绝，就会成为新的统治者——英帝国主义的从属者。不论是哪一种，女性都被置于某种父权制的共犯位置上。斯皮瓦克承认这种"共犯性"具有双面性，而非单一性（斯皮瓦克，1999=2003：12）。因为，"服从即是抵抗，抵抗即是服从"。

据史料记载，成为寡妇的王妃没有选择殉死，而是活了下来，最终自然死亡。比起"妻子的贞德"，她更重视的是"母亲的义务"。她虽然成了遵从殖民者意志的"共犯"，但采取了对自己而言利益最大化的战略。

戴头巾的问题

一听到"白人男性把棕色女性从棕色男性手中解救出来"这句话，我立刻想起一件事。美国入侵阿富汗之际，前总统布什的妻子劳拉·布什，为了使这场战争正当化，在女性集会上发表过一篇演讲。她主张，美国女性有义务在禁止女子教育的塔利班势力管控下，把外出时必须用面纱遮住全身的阿富汗女性从阿富汗男性的暴虐中解救出来。然而，如果用更强势的外来父权制改变本土的父权制，那么由此带来的"女性解放"又究竟是什么呢？

类似地，我们可以解读在世界各地延续至今的"文化政治"。典型案例之一，是法国穆斯林女性戴头巾的问题。

来自原殖民地北非（马格里布地区）的穆斯林移民劳工大量涌入法国。其中，穆斯林女性即使在离开祖国后，也将头巾作为虔诚信仰的象征继续佩戴。但是，法兰西共和国通过政教分离（laïcité）这种"文明化"（civilisation）的装置，将宗教从公共领域中排除了出去。因此，在法国的公共领域，宗教行为是被禁止的。公立学校作为公共领域之一，能否强制佩戴头巾前来教室的穆斯林少女脱下头巾（或者禁止戴头巾的少女上学），便成了政治争论的焦点。这，就是所谓的"戴头巾问题"。

值得注意的是，这种文化政治被彻底"性别化"了。父权制文化将"传统"的传承人指定为女性，长期以来不允许女性在风俗方面"文明化"。即使穆斯林男性穿着时髦的衬衫搭配牛仔裤，已然接受了全球化的服装变化，穆斯林女性也被强制在穿着民族服装的同时，佩戴头巾这一传统"符号"。在近代日本，男性早早地穿起了洋装，而女性在很长一段时间还是身着和服。另外，在朝鲜半岛的民族学校，也只有女学生穿着带有明显民族特征的校服，而这，令她们成为日本右翼势力的骚扰对象。

在"戴头巾还是不戴头巾"的二选一过程中，女性陷入了困境。若遵从穆斯林的父权制，便成为反抗被法国这一东道国社会同化的一种表现；相反，如果违背穆斯林的宗教规范摘下头巾，虽对抗了穆斯林的父权制，却是与法国文化帝国主义同流合污的行为。恐怕每个作为主体的女性，都处于这两极之间的某个位置上，每日都在两个选择中摇摆不定。

所谓"服从即抵抗，抵抗即服从"的后殖民主义实践，就是这样一种并不纯粹的行为。女性要摆脱这种杂糅性、共犯性，并非易事。所以，戴头巾与否，是个无法简单判定的问题。

日本的"服从"与"抵抗"

关于"服从即抵抗，抵抗即服从"的后殖民实践，日本社会学家小笠原祐子（1960—　）也进行了独树一帜的探究。她的《OL们的抵抗》[1]（1998年）一书显示，她以从事辅助工作的女性（OL）为对象，进行了大量的采访调查。被调查的这些女性的特点是：处在企业最底层、没有晋升可能、被要求提前退休、绝对不可能成为企业的正式员工。根据调查，小笠原有一个意味深长的发现，她关注到OL中存在一些并不违反官方规则的仪式性行为。比如与职场里正式的（男性）职位排序不同，OL们通过情人节送男同事"义理"巧克力[2]，构建了一种非正式的序列，也就是公司的人气排行榜，从而向男同事们行使非正式的权力。不过，看似"抵抗运动"（resistance）的这些行为，实际上只能在短期发挥效用，并未能帮助女性获得长期的收益。而她们之所以能实施这种"不受支配的自由的"非正式行为，也正是因为她们是职场的短暂停留者，不追求长期的利益。于是，小笠原得出了这样一个结论：这种反抗，其结果只会在结构上对职场的"性别秩序"进行再生产，而不会带来性别秩序的变革。

心理学家小仓千加子（1952—　）则提出了相反的观点。在与我对谈《女性主义》（2002年）的过程中，她把新一代有着全职主妇志向的年轻女性们比作"父权制结构下的白蚁"。在职场奋斗的女性前辈们，看到了那些以靠丈夫养活为前提进行相亲活动的年轻女性，一定会感到愤怒和焦躁吧。但是，小仓为她们这种貌似"服从"父权制的行为进行了辩护，认为她们从内部推动着父权制的瓦解。因为各种调查显示，正是这些"向往

1　本书的基础，是小笠原向芝加哥大学研究生院提交的社会学博士论文。
2　在日本，2月14日情人节时女性会送男性巧克力，送给同事、普通朋友的称作义理巧克力，送给男朋友的则叫作本命巧克力。此外，通过收到义理巧克力的数量，可以判断一位男士的受欢迎程度。——译者注

成为全职家庭主妇"的女性，造成了晚婚化、非婚化，且通过夫妻间和亲子间出现的问题，加速了家庭的解体。相反，不对未来丈夫有过多期待的女性，比起追求"3K"（高学历、高收入、高个子）丈夫的女性来说，结婚概率更高，反而起到了延长婚姻制度寿命的效果。

言语和行为

在《底层人能发声吗？》中，斯皮瓦克还述及了另一件事：1926年，她的远房亲戚、十六七岁的布巴内斯瓦丽·芭杜莉自杀了（斯皮瓦克，1988=1998：113）。这位女性参与了当时以印度独立为目标的武装斗争，因被同伴委以一项刺杀任务而烦恼不已，最终选择了自杀。她特地等到了月经来潮之日，才上吊自杀的。

芭杜莉的自杀是亲戚们熟知的事，然而斯皮瓦克却将其作为这位年轻女性的"言语行为"（speech act）[1]，以解构主义的方式进行解读。印度教禁止自杀，就连"被认可的自杀"——萨蒂，在月经期间也是被禁止的。芭杜莉并非不知道这一点，但她通过犯禁来主张自己的主体性。在当时的印度，年轻女性自杀的原因，会被归结为"不被允许的爱情"，芭杜莉自杀的理由在亲戚之间也是这么流传的。"不被允许的爱情"实则是"不被期望的婚外孕"的暗喻。由于逼死年轻女性的原因主要是婚前怀孕，所以芭杜莉特意选择月经期间死亡（即表明自己没有怀孕），来主观能动地拒绝这种误导性的解释。尽管如此，她的"言语行为"在半个多世纪里并没有被其他人认真"阅读"，而是被"淹没"了。

1　"言语行为"（speech act）是英国语言哲学家约翰·朗肖·奥斯汀（John Langshaw Austin，1911—1960）的用语。在这里，斯皮瓦克是为了表示"行为即话语"的状况而使用了这个术语。因为行为也作为一种文本（话语实践）等待着"被阅读"。

大约10年后，斯皮瓦克对《底层人能发声吗？》一书进行了修订，其中收录的《后殖民理性批判》里补充了一段令人印象深刻的故事。自杀的"布巴内斯瓦丽·芭杜莉的姐姐的长女的外孙女，是美国的新移民，最近在以美国为主的跨国企业中晋升成为管理层。"（斯皮瓦克，1999=2003：452）。斯皮瓦克这样介绍道："芭杜莉曾为了民族解放而战斗，而她姐姐的外孙女的女儿，却正在为新帝国效劳"，并指出：

这也是底层人历史沉默化的一种表现。

（斯皮瓦克，1999=2003：452）

就在整个家族为那个女孩的升职而欢欣鼓舞时，斯皮瓦克低声私语："布巴内斯瓦丽的上吊是徒劳的。"而且，她补充了这样一句略带讽刺的话：

对于这位年轻女性（升职后的女孩——引用者注）是一名坚定的多元文化主义者、自然分娩的信奉者、只穿棉质的衣服等偏好，又有什么好惊讶的呢。

（斯皮瓦克，1999=2003：452）

"这位年轻女性"是通过她那多文化主义和生态主义的志向，为美国的跨国企业和美国资本主义的发展助力呢，还是注入新的公平和正义的价值观，让其分崩离析呢？我们无法预测。但是，在美国名牌大学荣获教授职位的散居知识分子斯皮瓦克，在痛苦挣扎的同时，也一定会认识到自己与这个年轻人处于相同的位置吧。萨义德和斯皮瓦克借助后殖民批判理性剖析保守而处于主流的英美文学，却反而起到了维护、激活英美文学这一领域的效果。换句话说，通过引入外来的"血与知识"，即使那是苦涩的养分，美国也能自我壮大。这既是美国这个国家的博大之处，也是其狡诈之处。美国如饲养狮子身上的小虫一般，培养、教育后殖民主义知识分子，将其作为再生和活化的源泉，这或许就是帝国主义和资本主义的本质所在。

与资本主义相比，父权制在公然排挤女性和外国人这一点上，显得更为脆弱，也更具缺陷。但是，正如我在《父权制与资本主义》一书中所论述的那样，父权制与资本主义一直处于不断交涉与调停的过程中。跨界的资本主义毫不掩饰地利用父权制民族主义，进行边界的再生产，即使这在逻辑上显得自相矛盾。无论是在父权制还是资本主义之下，女性作为共犯，被迫在不断交涉和调停的过程中，进行着"服从即抵抗，抵抗即服从"的双重实践。从这一点看，同为女性的我们也不例外。

参考文献

上野千鶴子、小倉千加子，2002，『ザ・フミニズム』，筑摩書房

小笠原祐子，1998，『OLたちの＜レジスタンス＞――サラリーマンとOLのパワーゲーム』中公新書

Gramsci, Antonio, 1929-1935, *Quaderni del carcere*, 1975 Edizione critica dell'Istituto, Gramsci, Acura di Valentino Gerratana, Torino: Giulio Einaudi editore.=1978，石堂清倫訳，『グラムシ獄中ノート』，三一書房

Hughes, H.Stuart, 1975, *The Sea Change: The Migration of Social Thought 1930-1965*, New York: Harper&Row.=1978，荒川幾男、生松敬三訳，『大変貌 社会思想の大移動1930-1965』，みすず書房

Scott, Joan Wallach, 2007, *The Politics of the Veil*, Princeton University Press.=2012，李孝德訳，『ヴェールの政治学』，みすず書房

Spivak, Gayatri Chakravorty, 1974, Translator's Preface extracted from *Of*

Grammatology by Jacques Derrida, Baltimore: The Johns Hopkins University Press.=2005，田尻芳樹訳，『デリダ論——「グラマトロジーについて」』英訳版序文，平凡社

Spivak, Gayatri Chakravorty, 1988, *Can the Subaltern Speak? in Marxism and the Interpretation of Culture*.edited by C.Nelson and L.Grossberg, Urbana and Chicago: University of Illinois Press.=1998，上村忠男訳『サバルタンは語ることができるか』，みすず書房

Spivak, Gayatri Chakravorty, 1999, *A Critique of Postcolonial Reason*, Cambridge:Harvard University Press.=2003，上村忠男、本橋哲也訳，『ポストコロニアル理性批判』，月曜社

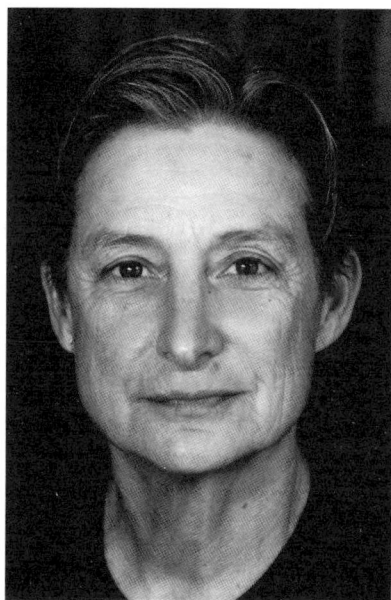

朱迪斯·巴特勒

第十一章　颠覆边界：
朱迪斯·巴特勒《性别麻烦：女性主义与身份的颠覆》

捏造"女性身份"的谱系

权力如何形塑身体、精神及欲望？

是一本颠覆"性别"及"性"边界的挑战之作

◎ 朱迪斯·巴特勒（Judith Butler）

1956年出生于美国俄亥俄州，犹太裔美国人，后结构主义思想家、加州大学伯克利分校修辞学与比较文学教授。作为酷儿理论的理论先驱，其1990年出版的《性别麻烦：女性主义与身份的颠覆》一书引发了女性主义和性别研究领域的颠覆性新浪潮。当下也依旧深刻影响着社会学、政治学、哲学、文学、思想等学术领域。主要的日文译作有专著《安提戈涅的诉求》（青土社）、《令人兴奋的演讲：述行政治学》（岩波书店）、《战争的框架》（筑摩书房）、合著《偶然性、霸权和普遍性》（青土社）、《谁为民族国家而歌？》（岩波书店）。

《性别麻烦：女性主义和身份的颠覆》（*Gender Trouble: Feminism and the Subversion of Identity*），出版于1990年，日文版由竹村和子译，由青土社出版于1999年。

巴特勒的登场

谈及在性别研究和性研究领域的影响力，朱迪斯·巴特勒不容小觑。巴特勒是一位修辞学者，既非哲学家也非伦理学家，她与伊芙·塞吉维克并称为酷儿理论家。巴特勒将自20世纪60年代开始的后结构主义的解构理论作为有力的方法论工具，熟稔地运用于社会性别研究中，也因而广为人知。

结构主义和解构主义理论，主要受到语言学理论和文学批评的影响。20世纪的文学研究脱离了此前的作家论和印象式批评，转向沉浸式的理论探索。而无论是哲学、历史学还是法学、社会学，其后都公然或悄然地开始借用人文社科领域的语言学理论及文学批评理论。

让巴特勒世界闻名的，是《性别麻烦：女性主义和身份的颠覆》（1990年），这部著作在女性主义学界掀起了轩然大波。

在建构主义语言学理论研究者看来，"女性"不过是语言建构的产物。如果说"女性"是被语言建构的，那么在"女性"这一表征之前，便不存在"女性"这一实体。那我们又凭借什么去确认彼此是拥有共同经验的"女性"呢？

女性主义者们在"女性"的大旗下，建立起集团性的身份认同，并沉醉其中，然而巴特勒却宣告"这种做法毫无依据"。

如此，在"女性的经验"上寻求社会性和身体性的共通基础已不可能。"女性之间可以相互理解"的信赖也成了没有根据的幻想。"女性"被解体，以"女性"这一集团身份作为基础的女性主义也随之解体。于是，女性主义引入了"社会性别"（gender）的概念。社会性别一词最初源于语言学的建构主义认识论，与生理性别不同，社会性别仅仅意味着语言的建构物，经由社会、文化的习得而成。由此，女性主义姑且成功地将社会性别从生理性别中分离出来。

提出"社会性别"这一概念，原本是出于与"生理性别"区分的需要。但自那之后，围绕生理性别和社会性别的边界问题，开始了永无止境的争论：到哪里为止属于生理性别，到哪里为止属于社会性别？也就是说，不可变的本质、自然，与可变的受社会、文化影响的建构物的边界到底是什么？

巴特勒将这种"生理性别和社会性别的二元论"视作不彻底的解构。

她主张，并非先有生理性别才有社会性别，而是社会性别的话语实践在先，之后，生理性别这一"实体"才得以被建构。

巴特勒激进地推进建构主义，宣称生理性别这一所谓的"本质"也是语言的建构物。此后，"本质主义"沦为了无知与怠惰的代名词。正如福柯使"自然"和"本能"成为忌语，巴特勒也让"本质"一词失去了效用。巴特勒的登场之于女性主义的激荡，不亚于福柯宣告"主体已死"之于西方哲学的冲击。

解构生理性别与社会性别的二元论

把社会性别问题解构到极致的巴特勒，最终把生理性别（sex）也等同于社会性别（gender）。这里引用一下巴特勒的《性别麻烦：女性主义和身份的颠覆》中的几个著名段落。

巴特勒如此拷问"生理性别和社会性别的二元论"，她说：

> 之所以质疑生理性别的不变性，恐怕是因为被称作"生理性别"的这一建构物本身与"社会性别"无异，也只是社会建构的产物罢了。甚而实际上，所谓生理性别，一直以来就是社会性别。由此看

来，生理性别与社会性别的区别，终究并不存在。

（巴特勒，1990=1999：28-29）

社会性别不应该仅仅被认为是对生理性别（一种法律上的概念）的文化意义书写，而应被视为生理性别的生产装置。因此，不会出现社会性别之于文化，生理性别之于自然的对应关系。社会性别是一种话语和文化手段，通过这种手段，"性别化的自然"或"自然的性"被生产出来，并被确立为先于文化的"前—话语存在"，也就是说，社会性别造成一种假象，让人们觉得先存在"自然"这一政治中立事物，继而文化才在自然之上发挥作用。

（巴特勒，1990=1999：29）

社会性别从来都不是生理性别的结果，相反，甚至可以认为社会性别是原因，生理性别是其结果。话语孕育出了"前—话语的实体"，巴特勒称之为"实体的形而上学"。

认知无法超出语言的范围。先于语言存在的事物，无法反论证，也无力反驳，因此只能被称作"形而上学"。

"女性"的主体性何在？

巴特勒的彻底建构主义论，同样会使"女性"这一主体崩塌。她认为，"女性"不过是反复话语实践的效果，"女性"这一身份是实践的"沉淀物"[1]。各种被定义为"女性气质"的行为，事后催生了"女性"这一身份，而非预先存在"女性"这一身份，才有了所谓的"女性气

---

1 所谓沉淀物（sedimentation），本是马克思的用语，他说"劳动的沉淀物是商品"。

质"。次序不可颠倒。

假如有一个人一生都以"女性"的姿态特征生活，且被周遭认为是"女性"，但其有阴茎，那么这个人是"女性"还是"男性"呢？谁又能做出判定？

根据巴特勒的定义，"女性"不过是"一直以女性的言谈举止生活的人"，"男性"则是"一直以男性的言谈举止生活的人"。形塑"女性"和"男性"的，是行为举止，巴特勒称之为"述行性"（performativity）。行为是日复一日的重复实践，既非本质也非身份。

其中，还存在明明是"女性/男性"，"行为举止却不像女性/男性"的人。性别的范畴以男/女二元对立的方式呈现，甚至将例外也囊括其中。社会性别体制是二元的话语秩序，排除了没有明确归属的中间项，而生理性别也是其中的一部分。在这样的二元规范下，"自然"会被迫变形，以维持这种二元秩序。据双性人运动团体Intersex Initiative所说，每2000个新生儿当中就有1个双性人（半阴半阳），他们为了从属于二元秩序，而不得不对其性器官进行切除或矫形。

巴特勒称这种社会性别二元体制为"强制式异性恋规范"（heteronormativity）。一旦脱逸于规范，便会被视作异常的、病理的。在向强制式异性恋规范发起挑战时，巴特勒有时被称作"酷儿理论家"。"酷儿"（Queer）在日语中意味着"变态"，酷儿研究被认为是关于偏离了规范的性少数群体——LGBT（Lesbian，Gay，Bisexual，Transgender的简称）的研究。

称呼巴特勒为"酷儿理论家"的是女同性恋者、女性主义者特瑞莎·德·劳莱提斯（Teresa de Lauretis，1938—），而非巴特勒本人。事实上，酷儿理论并非指研究性少数群体的学问，而是指借由性少数群体来解构二元性别秩序的终结挑战。然而世人常常将酷儿与性少数群体等同起来，所以巴特勒无需被称呼为"酷儿理论家"，因为这一称呼反而会窄化其研究领域。

倘若社会性别是如此无凭无据的概念，那么"女性"这一集团便会随之失去存在的根基，所谓共通的"女性身份""女性气质"的本质，也就不复存在了。在这种情形下，"女性"还能凭借"同为女性"这一纽带去团结彼此吗？

对于巴特勒的这种主张，女性主义者内部产生了本质主义论与建构主义论的对立与争论，巴特勒受到了不允许"女性性"解体的旧女性主义阵营的批判。她们反驳说，正因为"女性"有共同的身体经验，彼此才得以联结。她们还发问道："如果女性只是语言的建构物的话，为什么我们都会害怕走夜路呢？"

即使把强奸看作话语的实践，认为是父权制的意识形态把它与对身体其他部位造成的伤害区别开来，但对于事实上被侵犯、被伤害、有时甚至还会怀孕的我们的身体，又该作何解释呢？

巴特勒受到女性主义者的批判后，在《身体之重》（*Bodies That Matter*，1993年）中写下了回应。她的回答是，话语实践同样构成了暴力现实。她的这个回应我们将在后文中解说。

在美国，20世纪80年代是一个女性主义被各种少数派群体非议的时代。黑人和原住民等民族主义者、性少数群体、身体残疾的女性等，将之前的女性主义称为"白人中产阶级女性主义"，并将其作为批判的对象，发出了"你们的利害和我们的利害并不一致"的呼声。女性主义因细微的差异而产生分化，大家发现"女性之间的联结"，终究不过是一个天真的梦想而已。但是，果真如此吗？

女性群体本就因为阶级和人种的差别产生了严重的分裂。人们认为，黑人女性与作为主人的白人女性之间没有任何东西能够共享，"工人阶级女性"和"资产阶级女性"也毫无共同利益可言。[1]因此，一直以来女性被（男性）教导，相较联结其他集团的女性来说，更应该与同属一个社会范畴的男性结盟，与其他集团的女性做斗争。[2]

所以，并不是在"女性"之间重新发现了差异，而是"女性"之间原本就存在差异。不过，可以说"女性"这一语言的建构物，在历史上首次使得跨越差异的集体性话语实践成为可能。

知晓了这样的背景，就会了然女性是以何等的兴奋和感激之情，拥抱"女性之间的联结"（Sisterhood is global）这一口号的。"女性之间的联结"并非固有的，而是通过语言被建构、被发现的。

我们也可以说，"女性"这一概念是以彼之道还施彼身的产物，它反借"解构"之手，通过语言建构出集体性的身份。女性主义不也可以看作对"女性"这一虚构的集体身份所做的约定吗？而约定本身，就是踏入未知空间的第一步。

变革是否可能？

巴特勒还受到了另一种批判。

如果作为"说话主体"的我们，最终无法走出语言的限制，那么便说明并非语言从属于人类，而是人类从属于语言。语言属于他者，我们无法按照自己的想法随心所欲地改变它。所以，从属于语言的人类，只能反复实践同样的话语行为。

这样的话，变革从何而来呢？巴特勒否定了"女性"这种"变革主

1　在开展民族运动和阶级斗争的男性看来，女性撇开男性的单独行动是分裂主义的象征，所以他们厌恶这种行为。

2　跨越黑人女性与白人女性之间人种的隔阂是最困难的。对于大多数黑人女性来说，人种的身份认同理应优先，女性的身份认同只是在人种问题之后需要考虑的问题。

体"，否定了"女性"具有本质性的共通特征，但接下来，她需要在不使用"主体"概念的情况下做出回答：解构如何从话语秩序再生产的封闭区域中逃脱出来，让变革性实践成为可能？

于是，她给出了"引用"[1]的概念。话语实践不断重复，但每一次都处于不同的语境之中，这时语言会被误用和误读。而且，作为"述行言语行为"[2]的话语实践，会产生预期效果和非预期效果。所谓的述行言语行为，或者说包括言语行为在内的所有交流行为，都是一种赌博，它必须根据接受人的反应来衡量效果，所以说话人无法完全控制其效果，结果无法预测。而这一点，反倒为变革提供了可能性。

1997年，巴特勒撰写了《令人兴奋的演讲：述行政治学》（*Excitable Speech: A Politics of the Performative*）一书。据该书的译者竹村和子（1954—2011）所言，本书"试图打破社会建构论的闭塞性（打破无法从主体中寻求瓦解社会体制的困境）"（竹村，《颠覆边界》，2013年：153）。本书的诞生出于对实践的关注，当时关于依法取缔在美国盛行的仇恨言论（煽动歧视行为的言论）的利弊问题引发了热议。理论家并非远离现场之人。理论是在现实的斗争过程中，为解释现场、指引实践而诞生的。

取缔仇恨言论仿佛是在禁止语言，巴特勒的话语实践论对其说"不"。她认为，言语和概念承载着历史的种种负荷，与其"不使用/不让使用"它们，不如通过误用、挪用它们，不断赋予其新的含义。

例如，投身女性解放运动的女性们被称为"魔女"（bitch）。"既然如此，我们就冠以这一名称吧"，"魔女"也因此诞生。再如"日本抚

1　巴特勒的这一概念受到了德里达的影响，奥斯汀的言语行为理论揭示了语言的力量，而德里达试图进一步说明这种力量从何而来。他指出这种力量并非源于主体意志，而是源于对其他表述的"引用"。——译者注

2　奥斯汀言语行为理论中的概念。——译者注

子"这一称呼，让人感受到对日本女性的传统刻板认知，令人不悦。但是因为女子足球运动员自称"抚子"，而她们处于非传统的、不受控制的位置，所以现在"抚子"反而成了充满斗争精神的"足球女将"的代名词。如此，不论是有意还是无意创造出的效果，言语都发生了改变。

无论是对霸权者的言语进行误用、挪用，令其脱胎换骨，还是采用顺从其言语的策略，斯皮瓦克所说的"抵抗即服从，服从即抵抗"的扰乱性话语实践，无时无刻不在发生。随之我们发现，变革已在有意无意中悄然出现。

巴特勒与竹村和子

正如法国哲学家雅克·德里达有佳亚特里·斯皮瓦克这位译介者，巴特勒在日本也有一位译介者——竹村和子，这实属幸运。

巴特勒的原文晦涩难懂，是名副其实的"恶文"，竹村形容其为"需要一点点撬开的令人痛不欲生的文体"（竹村，2013：146）。翻译这样的文章是一件极其费劲的工作，不仅如此，巴特勒那具有挑衅性的文字还屡屡招致误解与争议。

2000年之后，巴特勒对实践的关心，即对"生命权力"（bio-power）和暴力的关心逐渐加强。而促使巴特勒高度关注政治的原因，无疑是"9·11"事件引发的暴力及其连锁反应。

所谓"生命权力"，就是在"使人作为规范化的身体得以生存"的同时，"抹杀偏离规范的不受控的身体"的权力，是对活生生的身体进行生杀予夺的权力和暴力。言语（权力）与物质（暴力）并非互为异质的二元对立，它们都是内心的现实，从而打破了建构主义（言语）与本质主义（物质）的二分法。

　　紧随巴特勒的步伐,巴特勒的译介者竹村也将视线转向了暴力事件。当然,这与日本的社会背景有关,当时日本国内存在着霸凌、自杀、贫富差别等越发暴力化的现实。除此之外,还有20世纪90年代后期出现的,用竹村的话说,就是"近乎猖獗"的反女性主义浪潮。[1]

　　天妒英才,竹村于2011年12月13日不幸逝世,享年57岁。我负责了对她的遗作进行编辑和解说的工作。虽已无法确认其想法,我还是代替逝者,将她的遗作命名为《颠覆边界》(2013年)。不只是巴特勒,竹村自己也是不断"颠覆边界"的一员。

　　"颠覆边界"不仅是动摇既有秩序的变革性实践,它在动摇既有秩序的同时,还令其龟裂,使其崩塌。而最敏感地感知到这种不安与恐怖的人群,正是身处边界线上的人们。恐同(同性恋恐惧)使同性之爱被排除在男性集团之外。但压迫即是动员,容易被当作"男同"的人反而对同性恋恐惧更为敏感,并奋力地向规则靠拢。同理,外国人憎恶也在与外国人同处弱势地位的人身上更为强烈,他们需要在边界上与被蔑视的外国人相互竞争。性别歧视也是如此,当某些男性的既得利益无法得到保障时,他们对女性施加的暴力便越加凶残。

　　在现在的日本,也许不再会有为抵抗女性歧视而殒命的女性主义者,但在巴基斯坦,却有少女只是因为追求女子受教育的权利就遭到了枪击。而在印度,女性在公共交通工具中遭受着轮奸。朝向女性的暴力比从前更甚,而且,随着印度社会的急速变动,男性的不安全感加剧,他们对女性的暴力有可能日益激化。

　　同时,"颠覆边界"也将难题抛给了试图颠覆边界的一方。因为"边

　　1　是针对日本性教育现场进行的集体批判。基于性别自由(摆脱社会性别差异压迫的自由)的性教育,由于过激、破坏传统价值观等缘由遭到日本国会议员以及各都道府县政府的反对,甚至波及了1999年制定《男女共同参与社会基本法》相关的讨论。

界的颠覆"会使安坐于既定性别体制中指定席位的人，失去这一席位。女性主义者也不例外。在被歧视的同时身处安全地带批判"男性性"的女性主义者，受到了"阿布格莱布女性士兵"[1]事件的冲击。女性也会成为暴力的存在。正因如此，"女性士兵"问题对女性主义者来说好似试金石。颠覆边界的行为是一种全方位的侵犯，没有可以例外的圣域，因此，它会带来两方面的结果，如服从与抵抗、混乱与希望、不安与期待，我们不能只指望其中的一个结果到来。对于这种行为的两面性，竹村一直是十分敏锐的。

不仅是把我们他者化的他者会对我们施加暴力，有时我们自己也会对自己施加暴力，因为我们把自己他者化了。"生存于边界的人们"的不安情绪，让他们的处境更加危险。在异性恋秩序的边界游走的人中，不乏性少数群体的身影。

巴特勒在《消解性别》（*Undoing Gender*）[2]中曾指出：

> 所谓暴力，不仅由外人向陷入性别麻烦的人施加，也由身不由己的他们自己不断向自己施加。
>
> （巴特勒，《消解性别》，载于《思想》No.989，2006：15）

如果竹村尚在人世，关于福岛事件之后诞生的生命，她会如何论述呢？关于产前检查的制度化、安乐死的法制化等问题，她会说些什么呢？针对"在特会"（反对在日本的韩国人、朝鲜人拥有特权的市民组织）日

1　2004年，伊拉克阿布格莱布监狱发生的美国女性士兵虐待伊拉克俘虏事件。
2　《消解性别》由竹村和子翻译，是2006年御茶水女子大学21世纪COE项目"性别研究的边界"邀请巴特勒做的口头报告。参照岩波书店《思想》2006年第9期（No.989）。

益激烈的歧视言论[1]、会田诚问题[2]暴露的不以"真实存在的少年"为原型的性暴力表现，她又会发表怎样的言论呢？

更重要的是，关于福岛核电站事故这一人祸，这种完全剥夺受灾者生命与生活的暴力行为，竹村会如何批判呢？留在污染地的人们与逃离污染地去别处避难的人们之间的隔阂，留守者通过沉默对自己施加的暴力与避难者通过自责对自己施加的暴力……关于我们直面的种种问题，我都想听一听她的意见，可这一切却已是奢望。

竹村已经离开了，而巴特勒仍在不断发声。她对抗着不断暴力化的世界，在世界上最为暴力的国度英勇奋战。女性主义不是"男女共同参与"暴力的路径，这正是最佳的证明。

参考文献

竹村和子，2013，『境界を攪乱する——性・生・暴力』（解説・上野千鶴子），岩波書店

Butler, Judith, 1990, *Gender Trouble: Feminism and the Subversion of Identity*, London: Routledge=1999，竹村和子訳，『ジェンダー・トラブル——フェミニズムとアイデンティティの攪乱』，青土社

Butler, Judith, 1993, *Bodies That Matter: On the Discursive Limits of "Sex"*, New York: Routledge. [『物質/問題となる身体（仮）』，竹村和子ほか訳、刊行予定]

1　针对在日本的韩国人、朝鲜人的排外运动。最近的标语牌不仅有"韩国人滚出去"的字样，甚至还出现了"杀了你"这种明目张胆的暴力话语。

2　2013年，在东京森美术馆举办的美术家会田诚的作品展"对不起，我就是天才"中，展出了一幅被砍断四肢、头戴项圈的少女画像。对此，市民团体诘问："这难道不是性暴力吗？"并发起抗议运动。也有一些女性团体对少女画发表了反对性声明，该事件引发了热议。

Butler, Judith, 1997, *Excitable Speech: A Politics of the Performative*, New York: Routledge=2004，竹村和子訳，『触発する言葉——言語・権力・行為体』，岩波書店

Butler, Judith, 2004, *Undoing Gender*, New York: Routledge.

后　记

人因被铭记而永生，书因被阅读而成为经典。没有一本书是从一开始就被奉为经典的。

本书《女性的思想》乃是这样一部著作：我选取了我阅读过的、从中获得了力量的、构成我血与肉的书籍，并对它们进行了解读。这样做的理由，也很显而易见，那就是希望你们也能阅读这些书籍，让这些书籍能够被传阅下去。在我心中，这些书都是值得一读的经典。本书与各种导读类书籍类似，所以我不希望你们只是阅读了本书，就以为自己已经熟读了原著。本书既不是用于应试的速成图书，也不是为了不懂装懂而制作的秘籍。

虽说如此，本书也不仅限于是一本导读书。任何书都会因其阅读方式的不同，呈现出不同的样貌。本书记录的，是由我选出的、以我的方式阅读的经典书籍。换言之，本书是我的理解，我的"创造"。

所以，本书对我而言意义非凡。人不会独自一人形成自己的思想风格。思想不会凭空生成，任何思想都会有前人艰苦奋战的影子。我们顺着她（他）们的足迹，目睹她（他）们战斗的背影，学习着，也被激励着，从而又向前迈进一步。

在本书的撰写过程中，我又一次确定了自己对语言的信赖。毫无疑问，话语可以传达心声。前辈们的话语，确确实实传递给了我她们的思想。虽然我并不清楚她们是怎样的人，经历了怎样的人生，用什么样的声音说话，又或许她们已经不在人世，但语言依然可以传达她们的思想，传达给素未谋面的读者，传达给未曾相见的人们。如果不坚信这一点，我又怎么能不懈地去追寻那些话语呢？毕竟这意味着一场辛苦且不见回报的孤军奋战。

本书追随的是那些先驱的脚步，她们创造了可以被称作女性思想的思想。之所以选取20世纪60至90年代出版的著作，主要出于以下两个原因。第一，因为这个时期是"女性主义"思想的形成期与转换期；第二，因为我自身思想的形成期与之重合，我的思想核心深受其影响。如今想来，我也不禁为自己思想的形成期与"女性"思想形成期的重合感到幸运。

为何以"女性的思想"为题呢？长期以来，女性被认为不需要思想和语言，甚至被认为不需要懂道理，也不会讲道理。借用丸山真男的表述，女性被认为只要"存在"就有其价值，不用像男性那样需要"行动"才能被认可。这种浪漫主义，也就是近代主义的女性观，将女性排除在语言与思想之外。从格奥尔格·齐美尔（Georg Simmel，德国哲学家，1858—1918）到雅克·拉康（Jacques Lacan，法国哲学家，1901—1981）的著作中都可以看到这种倾向。而且，女性一旦想要说些什么，就会苦恼地发现，女性能使用的只有"男性语言"这一唯一选项。"男性语言"何止是不适用于女性，男人们制定的女性标准，就好像中世纪的刑具"铁处女"[1]一般，百般折磨着女性。

我从年轻的时候开始，就喜欢阅读一位名叫埃米尔·米歇尔·齐奥朗（Emil Michel Cioran，1911—1995）的作家的书，他出生于罗马尼亚，活跃于法语圈。齐奥朗作为流亡者，被剥夺了使用自己的母语进行表述的权利，他穷尽一生都在咒骂自己必须使用法语这一"他者"的语言来表达。女性在"男性语言"的世界里，就如齐奥朗一般，变成了流亡者，逃脱不了"语言难民"的命运。而且，与齐奥朗不同，女性甚至没有可以回归的

1　一种人形铁框，前后两面互相用铁链连接，将犯人绑在其间，再把两面合拢，框上许多突出的长钉，就会贯穿钉入受害者体内。——译者注

母语。

所以，试图创造"女性的思想"的女性们历经了千辛万苦。我的前辈们承担了那份辛苦，照亮了我脚下的路，对此我真是感激不尽。

我们并非仅凭一己之力长大成人，人人都是如此。请务必记住这一点，并时不时想一下是谁引领你走到了今天。我的父母让我诞生于这个世上，但也有很多人影响了我的思想，成为我思想上的父母，还有一些人是我的兄弟姐妹，他们将深入灵魂的话语传递给了我。即使有些人毕生未能谋面，她们（因为大多是女性，所以用"她们"来称呼）也是我的母亲或姐妹。

"女性的思想"自20世纪起被称作女性主义。不管遭受多少污名，我都不会揭下自己身上"女性主义者"的标签，因为，我不想忘记自己从前辈女性那里获得的巨大恩惠。

本书源于与我同辈的两位女编辑的不同寻常的热情建议。一位是松崎千津子女士。她本是一名杂志编辑，后来调到了集英社旗下的集英社国际出版社。她想做单行本图书，于是选择我作为其第一本单行本的作者。另一位是活跃于PARCO出版社的自由职业编辑中村富贵女士。与我处于同时代的她们二人，对本书抱有相同的深切期待，这对我来说是莫大的鼓励。因为我是个不被规定交稿日期就会拖延写作的人，所以她们为我找到了连载的媒体。从选书开始，她们就一直陪伴我左右，督促我不要延迟交稿，并与我一起度过了近两年的准备期。

承蒙池田千春子女士帮助，本书中以外文著作为题材的第二部分——"以'性别'的视角重审世界"，得以在集英社发行的文艺杂志《昂》上连载（标题变更为"从'性别'的角度解读世界"，连载早于本书的出版）。而集英社国际出版社特意在官方网站，为以日语著作为题材的第一部分——"重读'女性之书'"设立了连载专栏。因为日语著作的作者们都还健在，她们是我无比尊敬的人，所以在本书公开发行之前，我请她们本人——过目关于她们的文稿。令人喜出望外的是，她们中没有一位要求变更文中的任何一处文字，都同意按照我所写的内容发表。又一次，我为能与比我稍许年长的这些女性生活在同一时代感到幸运。

评论书籍，意味着与原作者对峙，如两个相扑运动员一般紧紧抱在一起。由于选择了这样出色的对手，所以绝对不能懈怠。虽然自卖自夸有些不好意思，但我认为本书确实充满力量。当我与原作者紧张对峙时，两位女性编辑一直在一旁支持着我。可见，本书也是"女性"创作的作品，我想把它传递给作为读者的你们。

我不会忘记你们……今年三月，我得到了前往熊本县拜访石牟礼道子女士并与之对谈的机会。对于我的提问："之前你说过这样的话，对吧？"石牟礼回应道："我说过吗？大家都已经忘记了吧。"听罢我脱口而出："不，即使你忘了，我也不会忘记的。"

是的，即使发明这些话语的人离世，她的一字一句也都会被保留下来。语言是会传递的，传递给我，传递给你，传递给更多的人。只要我们记着，你们便会永生。这不正是书籍的意义所在吗？

2013年 写于绣球花盛开的季节
上野千鹤子

文库版追记

本书初版发行三载后，被收录进了集英社文库。不起眼的拙作能以文库版的形式再版，被更多的读者轻松入手，我感到很高兴。

在这期间，还发行了本书的韩语版。所以，文末也收录了译者曹升美女士的韩语版解说。曹女士不仅是我的知音，也是韩国一名年轻的女性主义者，所以，她的解说传递出她对女性现实的思考。

不仅如此，在文库版发行之际，我也得到了修订原文的机会。曹升美女士很爱读森崎和江的书，她在解说中提到了我在本书初版中未曾提及的，森崎与谷川雁决裂的原因——工友中的强奸事件。更准确地说，不是强奸事件本身，而是谷川的政治主义行为让森崎无法接受，他欲将强奸事件作为"道德败坏罪"进行政治化的处理。虽然没有在《第三性》中明说，但在艰苦创作作为"女性思想"的《第三性》的过程中，森崎确实与谷川诀别了，而我却漏写了这一点。

在那之后，内田圣子创作的《森崎和江》（言视社，2015年）出版，我感觉自己棋差一招。我觉得为森崎女士写评传是我的职责，结果却被抢先了一步。不过当时写评传实在力不能及，所以才像本书这样，限定自己只论述森崎的某一本书。内田女士作为谷川雁身边的人，后来才与森崎相见，所以她接近森崎的方式有点特殊。在她看来，为了理解与森崎分开之后的谷川雁，就必须了解他们分手前的关系以及他们分手的"原因"。这样一来，就不可避免地涉及那场争斗中的强奸事件。

现在想想，"男性斗争"中对女性施行的性暴力，对男性来说是小事，但对女性而言则是绝不能妥协、丝毫没有妥协余地的重大事件，因为它关系到守卫人类尊严的"（男性）斗争"的本质到底是什么。那时的森崎拼了命地想要告诉我们的，正是这一点。而对斗争本质的质疑，也直接与冲绳少女强奸事件以及日本军队的"慰安妇"问题相关。

在本书的韩语版中，我的韩国友人赵韩惠净为我撰写了推荐文。

"在这个时代，作为女性主义者生存下去是很困难的，但不作为女性主义者生存下去则是难上加难。人通过言语和思考而成为人，所以如果失去了话语就失去了一切。希望正在寻找话语的你，一直幸运，因为那些话语将成为你的血与肉。"

我与惠净曾共同出版《话语可以传递吗？日韩女性主义者的书信往来》（岩波书店，2004年）。在该书中，我之所以不断重复"话语可以传递，确实可以传递"，也是因为背后存在"话语可以传递吗"这样的疑问。我相信，本书中的一字一句也一定可以传递到韩国友人心中，尽管韩国与日本关系十分复杂。阅读本书后，她们也会在自己的母语中寻找"构成我的血与肉的话语"吧。本书对任何语言圈的读者而言，或许都是一种引导，引导她们再次踏上旅程，去发现创造了"女性思想"的、对自己影响至深的母亲与姐妹。

值此集英社文库版发行之际，感谢伊藤木棉子女士的润色、校阅及装帧。再次感谢原版的两位女性编辑，松崎千津子女士与中村富贵女士。这次的新版，也是出自女性团队之手，对此我由衷感到高兴。

2016年 写于树木抽芽的季节

上野千鹤子

解　说

曹升美（Cho Seungmi）

　　正如作者上野千鹤子女士在本书开头所述，女性主义是震撼了20世纪的思想与实践。正因为有了女性主义（致力于女性解放的理论与实践），以及践行女性主义的女性同胞们的努力，许多女性才得以走出绝境，生存下来。女性主义使我们意识到：在父权制社会中，女性的无力感并非全部源于自身的过错；女性面对男权支配时的愤怒也有其价值。女性主义不单单将女性定位为受害者和牺牲者，它还为女性筑起舞台，让女性作为自己人生的主角生存下去。此外，女性主义还超越了仅仅追求女性与男性平权的这一要求，让我们更加深刻地理解到女性群体内部的差异，并关注身边受压迫的他者，预见崭新社会的到来，而且，它还让我们体悟到付诸行动的迫切性和重要性。

　　如前所述，在本书中，上野展现了女性主义的思想遗产，她希冀把这些依然熠熠生辉的思想财富，传递给下一代的女性。生活于以男性为中心的世界里的女性，没有讲述自己及自身经历的语言。在现存的语言中，她们找不到可以真正表现女性诉求与情感的话语。《女性的思想》这部著作描绘了女性探寻女性言语的困难之旅与激烈斗争，她们身处没有出口的暗渠，也没有作为根基的母语可用。但历经艰辛，她们终于找到了可以表达女性思想的言语，上野将其写进了这部著作中。而且，本书还是上野通过女性的话语，展现自身思想（即女性的思想）形成过程的书。作者在第一部分中，列举了五位日本女性思想家，她们生于男性支配下的父权制社会，她们痛苦着、思索着，并努力向前迈进。在第二部分中，作者又列举了对当下女性主义思想影响深远的六位外国思想家。

2014年8月25日，我拜访了日本女性团体WAN（Women's Action Network）的东京事务所，这个团体的理事长是本书作者上野千鹤子女士。这次与作者的会面，是为了对其进行采访，确认本书的写作目的与内容。与我同行的还有我的老友——上冈阳江女士，她在日本"女性药物依赖症治疗屋"担任负责人。

上野女士当时正在看当日发行的漫画《大奥》第十一卷，是我也很喜欢的漫画家吉永文美的作品，于是在不知不觉中，我的紧张感消失了。在这样温和的氛围里，我们开始了对话，先聊了聊作者在专攻社会学的学生时代与女性主义初遇之事。她回顾道："这是一次具有冲击性的体验，身为女性可以研究自己的经历，将其言语化。"之后，她又就"思想"做了如下定义："所谓思想，就是将经历言语化、历史化，并理论化，用于同现实做斗争的武器。女性的思想使得女性与周围的现实做斗争成为可能。"

后来，我们又聊起了本书第一部分中列举的五位日本思想家，聊她们中谁是我们最感兴趣的一位。这五位思想家比作者要年长3到10岁，作者也坦言："我受到了她们五位莫大的影响。可以说在我身上能看到她们五人思想的影子。"之后，她补充说："除了田中美津之外，其余四人都是诗人出身。因为当时的女性没有可以表达自己及自身经历的语言，所以只好从诗人做起。"

在第一部分中，作者首先列举了森崎和江，森崎在讲述以生育为中心的女性经历的同时，摸索传递给下一代的话语。然后是石牟礼道子，她一边开展环境保护运动，一边向我们展示了女性可以达到的极致的思想境界。接下来是田中美津，她的名字是20世纪70年代日本女性解放运动——第二波女性主义运动的代名词。再就是富冈多惠子，她为女性解放运动注入了灵感。最后是水田宗子，她使女性主义批评的水准上升到了一个新的高度。这五位都尚在人世，且彼此相识。另外，作者选取的森崎和江的《第三性：遥远的爱欲》（1965年）、石牟礼道子的《苦海净土：我们的水俣病》（1969年）、田中美津的《致鲜活的女性：纠葛挣扎的女性解放运动》（1972年）都在日本社会学和历史学界享有盛名，它们均被誉为二战后日本思想的名著。

在日本，有现代意味的女性主义被认为在20世纪70年代女性解放运动之后登场，上野出生于1948年，自然属于参与女性解放运动的一代。通常而言，日本女性解放运动（第二波女性主义运动）的前身被认为是日本的第一波女性主义运动，那是市川房枝等人参与的20世纪初期的女性争取参政权的运动。但是作者描绘了完全不同的谱系，她将森崎和石牟礼与女性解放运动前身相关联，并如此评价：森崎与石牟礼是试图超越近代男性思想并获得成功的两人，她们是与女性解放运动相关的日本最早的女性主义思想家。

森崎与60年代日本工会活动名家谷川雁曾是恋人关系，曾共同参与劳工运动，但因谷川迟迟不对运动内部发生的强奸杀人事件进行真相调查，两人最终分道扬镳。上野先是列举了森崎的作品《第三性：遥远的爱欲》，该作品意图从"人的生产"这一女性固有的经验出发，创造出属于女性的思想。上野继而又列举了森崎挑战"男性思想"的作品《非所有的所有》（1963年）和《斗争与爱欲》（1970年）。在《斗争与爱欲》中，在劳动斗争被逼入绝境的紧张氛围中，森崎对抗男权主义的组织机制，选择了与谷川分手。她的行为显示了她为脱离男性运动而进行的抗争。森崎的思想对日后日本的女性运动，比如对质疑运动内部的性骚扰事件的处理方式等影响深远，这些性骚扰事件往往被隐藏或被模糊处理掉。因为过于激进，与石牟礼的思想相比，森崎的思想至今仍处于相对被忽视的状态，相反，石牟礼因为致力于环境问题，所以深受男性运动家的好评。

　　与森崎一起在女性同人杂志《无名通信》上开展运动的石牟礼也曾受到谷川的影响，但她后来却另辟蹊径。上野认为："因为与男性的思想，或者说与达到日本近代启蒙思想最高峰的谷川诀别，石牟礼才写出了《苦海净土》。唯有女性才能创作出这部作品。"在《苦海净土》中，石牟礼表示自己即使无力又无能，但只要生者遭受灾害与苦难，自己也会如"闷神"一般，全面感应到他们的痛苦。所以，即使是无法发声的病重的水俣病患者的声音，她也想要传递给世人。欲达此境地，石牟礼必经历了一段自我肯定的过程，正如上野引用的《最后之人——诗人高群逸枝》（2012年）中的描写。

　　与森崎相似，同样不被男性待见的思想家还有田中美津。但田中美津对于参与了日本女性解放运动的一代来说，是精神支柱一般的存在。关于田中美津，作者的评价是"对女性解放有着无比的热情"，她列举了田中起草的传单《从厕所解放》，坚决抵制男性社会对女性的双重标准等事迹。对田中来说，所谓女性解放，是指身处男性中心社会不得不自我否定的女性，实现自我肯定的过程。她们一边呐喊着"我不该是个废物"，一边站起身来，努力成为自己想要成为的模样。

　　在对上野的采访中，我的友人上冈阳江提到对自己影响最大的思想家就是田中。她向我们分享了她的宝贵经历："我在20多岁时曾在经济上和精神上依附于男人，又依赖于药物，且因饮食障碍而苦恼。也就是在那个时期，我开始关注女性主义。但是，不仅是男性，我也受到了周围自诩女性主义者的女性的歧视。于是，我自然与女性主义拉开了距离。后来，田中美津使我意识到，女性主义不会歧视无法自立的女性。然后我也成了一名女性主义者。"

　　上野也介绍了田中参与堕胎论争时的思想。后半部分她聚焦田中美津关于永田洋子的思考。永田洋子是新左翼学生运动的革命战士，不惜牺牲女性同伴，最终走向暴力，成为一个像"男性"一样的女性。关于这一部分，作者在2006年发表的论文集《为了生存下去的思想》中也曾提到过。革命女战士永田洋子为了脱离日常的革命与大义，以牺牲日常为手段，追求力量与效率，并做好赴死的准备。永田的这种思想可以说是对男性思想的继承。但田中美津并非与男性思想，而是与女性解放思想相遇了。田中的思想，被上野称为"为了生存下去的思想"。

富冈多惠子可以说是为日本女性解放运动注入灵感的陪跑者。她不仅对父权制进行了辛辣直接的批判，而且对女性运动也提出了尖锐的疑问，是给予作者上野千鹤子深刻影响的人物。作者论述了富冈在其著作《藤衣麻衾》（1984年）中的观点。她警惕陷入性别本质主义，性别本质主义认为女性天生是不喜好竞争的、热爱和平的，是一种常见错误认知，但这种认知经常出现于女性运动内部。同时，富冈批判了生态女性主义者，指出试图拯救被男性破坏的世界与环境的她们，却恰恰展现出性别歧视主义。在解读富冈的章节中，正如作者提到的，如果与森崎进行比较阅读，就能知晓围绕性展开的日本女性思想的多样性。

接下来上野列举的是英美文学研究者兼诗人水田宗子，她使我们深思女性主义批评的发展方向。上野评价水田的论文《逃向女人和逃离女人——日本近代文学的男性形象》（1992年）是日本女性主义批评的巅峰力作。在近代家庭这一装置之下，站在无能的权力者——父亲的立场上的男性作家们，为寻找理想中的女性——妻子或卖春妇而兜兜转转，结果发现了无法理解的不高兴的他者——女性，于是开始厌恶女性。这篇论文在上野2010年出版的《厌女》（在韩国出版于2012年）一书中也曾被提到，放在一起阅读的话，应该可以起到加深理解的作用。

在第二部分中上野列举的是如今学习女性学时，应作为基础读物的著作。如果说第一部分讨论的是从没有根基、没有现存语言可以表述的女性经验中编织话语、创造思想的日本女性思想家的话，第二部分则把焦点放在那些于哲学、文学、历史学等领域掀起对性别与女性主义划时代认知转换的六位西方思想家身上。

　　作者在第二部分探讨了后结构主义、后殖民主义、酷儿研究领域的思想家——福柯、萨义德、塞吉维克、斯科特、斯皮瓦克以及巴特勒六人的代表性著作，并用简单易懂的语言说明了他们的思想背景，即后结构主义和社会建构主义。后结构主义挑战了西方哲学、文学与历史学的认识论；社会建构主义认为社会现实都是由话语建构的。另外，在说明过程中，上野时不时穿插介绍受这些思想家影响的日本社会学、女性学研究、作者本人的研究，以及日本的女性运动史，这种交叉非常有趣。第二部分中列举的思想家，相较第一部分中的思想家来说，在韩国也更广为人知。虽然不能触及各位思想家所有的理论作品，但上野对他们的女性主义思想的相关内容都做了深入浅出的阐释。第二部分提及的图书可以作为女性主义的入门书阅读。再者，上野给出了阅读这些成为当下女性主义思想源泉著作的方法，这不仅可以为对女性主义有兴趣的读者提供参考，对那些近距离思考女性人生的人来说也大有帮助，她们可以与女性主义一起生存下去。如果想要对第二部分中的思想家有更深的了解，我推荐大家可以试着直接阅读他们的原著。除了塞吉维克，其他五位思想家的著作都有韩语版。

　　福柯是著名哲学家，他在对现代社会进行考察时，提出了现代性、权力机制等重要分析概念。在福柯众多伟大的著作中，作者挑选了《性史（第一卷）：认知意志》（1976年）一书，对性（sexuality）从自然与本能中分离的意义进行了探讨。作者在本书中介绍了福柯提出的四个近代"性的装置"：儿童的性教育化、女性身体的歇斯底里化、性反常的精神病理学化以及生殖行为的社会管理化，还参照福柯对"坦白"制度的议论，论述了日本近代的性（sexuality）。

萨义德是著名的后殖民主义理论家兼英国文学研究者，他的许多著作在韩国和日本都有译本。他在《东方主义》（1978年）中看穿了"东方主义"这一西方为支配东方而建构的认知框架。上野指出，萨义德对东方主义与社会性别的密切关联曾有所言及，所以她将"东方"替换成"女性"进行解读。男性为巩固自己的高贵性，必须将女性定义为劣等的他者。象征权力与支配的言语，正是社会性别。为了对抗这一切，女性就必须了解对方掌握霸权的武器——男性的语言，这也揭示了对他者视角省察的重要性。

接下来，上野从塞吉维克的英国文学研究著作《男人之间》（1985年）出发，解读了男性的社会性连带关系，这种关系由男性同性社会性欲望、恐同、厌女共同构成。塞吉维克的这一研究与女性主义批评密切相关，也是对被自然化（被强制）的异性恋规范提出疑问的酷儿研究的成果。针对同性恋的分析，并不局限于要求认可同性恋人士之间的爱，也承担着质疑社会之基的重任，它揭示出这个社会是被异性恋主义与厌女症粉饰了的男性主导支配的社会。上野指出"男性同性社会性欲望中没有女性的立足之地"，同时她基于塞吉维克的思想，进一步分析了女性群体内部的女性自身的厌女症，这很好地说明了异性恋中心主义社会的厌女症机制，厌女症源于男性同性社会性欲望，并不断被生产和再生产。

斯科特是女性主义历史学家，提出了社会性别定义，这个定义如今被广泛使用。她对在历史叙述中女性的"消失"也颇有思考。斯科特在《社会性别与历史学》（1988年）中将社会性别定义为"赋予身体差异以意义的一种认知"，上野则强调社会性别概念的政治性。如果说既存的女性学是以女性（女性集团）及其经历作为研究对象的话，性别研究则是探明社会所有领域（即便没有女性）中，社会性别是如何发挥作用的。此外，上野也指出，斯科特在一开始就揭露了将性别歧视内化的西方（近代）的虚伪性，她向我们展示了以"社会性别"为工具，能多么有效地击溃了既存的顽固的知识、体系及权力结构。

斯皮瓦克是解构主义理论批评家，解构主义形成了既有思维体系的边界，同时她还是后殖民主义女性理论家的代表。斯皮瓦克在《底层人能发声吗？》（1988年）中以19世纪印度发生的萨蒂（寡妇殉死）事件为素材，就如何听取底层人的心声进行了思考，这些底层人不仅无法拥有社会上升的通道，而且无法表达自己的想法。上野对斯皮瓦克的论著进行了解读，她认为萨蒂的主角不管是有意还是无意，都被置于父权制共谋者的位置。这种令女性痛苦的立场与实践是一种"服从即反抗，反抗即服从"的矛盾体。上野还介绍了有关日本女性服从与反抗的研究。通过作者的解读方式，我们就可以理解斯皮瓦克尝试倾听、解读那些无法发声的底层人的声音是多么重要。

接下来列举的是哲学家巴特勒的《性别麻烦》（1990年）一书。巴特勒对导入社会性别理论的既有女性主义思维方式发起了挑战。女性主义在身体上的"女性"这一范畴之下，确立了女性的身份认同，巴特勒则对这一思维中蕴含的"本质主义"提出了批判。上野指出，巴特勒将"像女人一样"的性别述行视为原因，认为"女性"的身份认同，以及身体性都是被建构的。对此，上野也提出了疑问："如此这般，'女性'又能以什么为根据建立共性，又如何能共享经历、彼此联结呢？"

事实上，虽然抱有"女性的敌人绝不是女性"这样坚定的信念，我有时也会遭遇"女性的敌人恰是女性"这样的现实，这使我痛苦不已。我很苦恼作为女性主义者是应该坚信理想中的命题，还是应该直面现实呢？但上野提出的关于女性之间的联结的想法，让我不禁拍案叫绝。女性的联结并非从一开始就存在。阶层与人种、是否步入婚姻、雇佣或是非雇佣、正规雇佣还是临时雇佣、同性恋还是异性恋等等，超越这些被男性社会分割的女性身处的境地与立场，坚信联结的到来，就是我们决定肩负未来的一种承诺。正如作者指出的那样，最早梦想着实现女性之间的联结并努力实践的，正是女性主义最初的那一代人。因为有她们的承诺，才有今日的我们，才有今日梦想实现女性思想的我们。从这个意义上说，翻译本书对我自身而言颇有意义，也令我倍感自豪。

回到韩国，我一边正式着手翻译，一边又一次意识到，我们没有任何基础，在从用既有言语无法言说的女性经历中创造出女性的思想之前，必然已有很多坚信女性主义价值的女性同胞们进行了思考，并为之献身。尤其是本书第一部分中，作者用较长的篇幅多次强调的那些女性。她们有的默默无闻地收藏了女性运动的传单或文章，她们的努力使一些资料集、论文集的编纂成为可能。还有那些编辑资料集、论文集的女性，她们编辑了比如先于本书出版的《日本的女性主义》（全八卷，1994—1995年），以及更早一些时候出版的《日本女性解放运动史资料》（全三卷，1992—1994年）。

但是，我还是有些犹豫：翻译本书真的合适吗？上野智慧又清晰的行文使得本书的内容不算难读，但在第一部分中，除了石牟礼道子的《苦海净土：我们的水俣病》，其他著作都没有韩语译本，所以我担心韩国的读者可能会感到理解困难。

但我认为将日本的女性主义者以及她们的思想首次介绍到韩国有其重要意义，作者上野千鹤子本人也对此做出了很好的说明，这使我摒弃疑虑下定决心继续翻译。此外，我也希望通过本次企划，激发人们去寻找韩国的女性思想。我确信，本书第一部分中讲述的内容与韩国的社会现实并非完全脱离，特别是厌女症遍布的当下，我们需要能够对抗厌女症的思想。只要不停止思考，我们就能筑起"思想"这一坚固的围墙。

　　作为女性主义者收获的最珍贵的礼物，就是与珍视女性思想的女性同胞们，以及（虽然是少数）一些身为女性主义者的男性结缘。这种缘分被上野千鹤子女士称作"女缘"，与男性社会的学缘、地缘与血缘相对。女缘不仅给予我们生存下去的坚韧力量，也使我们感到幸福。感谢与我同享女缘之乐，激励我翻译的朋友，也感谢在编辑工作之前通读我的翻译草稿，并写下推荐文的朋友。

　　活跃于日本当代的女性主义运动家，对本书第一部分登场的思想家有着各自不同的看法。除了本文开头提到的与我共赴WAN东京事务所的朋友上冈阳江女士之外，我还听取了日本女性主义报纸《妇人民主》原主编、单身女性支援团体"单身母亲集会"理事长赤石千衣子女士，投身消除私生子歧视运动的"消除户籍与私生子歧视交流会"的活动家伊藤美惠子女士等人的意见，并进行了整理。她们虽然奔波忙碌于各项活动，但还是抽出宝贵时间和我分享了经验，对此我感激不尽。另外，我还要对作者上野千鹤子女士表达深深的感谢与敬意，她不仅接受了我的采访，还多次亲切地通过邮件回复了我的问题。

　　我在翻译过程中，以（译者）脚注的形式，对日本社会背景以及女性主义的专业术语进行了说明，脚注主要以岩波书店出版的《岩波女性学事典》（2002年）为参考，经深思后添加。虽说如此，因为日韩女性各自身处的状况与社会历史脉络有所不同，可能还是会有一些说明与介绍令韩国读者感到不习惯。出版这本书对出版社而言也是一次冒险。对此，我也向在如此困难的条件下出版本书的现实文化研究社表示深深的感谢。

　　女性的思想亦是变革的思想。它给予我们力量，使我们能够一边抵抗压迫女性的结构体系，一边接受并热爱原本的自己；它令我们从被歧视与排斥的麻木灵魂中觉醒，并给予我们抗争、生存下去的力量；它给予我们对那些被部分自诩女性主义者的人歧视、犹豫是否要一同作战的周围女性给予更多关注的力量；它给予我们为了少数群体与后代而联结在一起，向前迈进的力量。如果读者能在阅读本书后，哪怕只收获了上述的一点点力量，我都会无比高兴。

女性都有评价、判断自己状况的能力。重要的是，我们要认识到身处某种社会条件的主体与既存的歧视、不平等、压迫和排挤逻辑之间的关联，并不断省察。日常生活中也有获得"女性"思想的线索。我期盼阅读本书的你们不只是停留在接受知识和信息的层面阅读本书，而且希望你们想起那些为自己人生注入思想力量的前辈们，与她们进行超越代际的理性对话，并用她们的智慧规划自己往后的人生。此外，我也期待有更多的女性能从自己身处的环境出发，开启编织"女性"思想的旅程。

（以上为本书韩语版"译者后记"的修改版：集英社编辑部注）